BIBLIOTHÈQUE
DE PHILOSOPHIE CONTEMPORAINE

LES MALADIES

DE

LA VOLONTÉ

PAR

TH. RIBOT

Professeur au Collège de France,
Directeur de la *Revue philosophique*.

CINQUIÈME ÉDITION

PARIS

ANCIENNE LIBRAIRIE GERMER BAILLIÈRE ET Cⁱᵉ

FÉLIX ALCAN, ÉDITEUR

108, BOULEVARD SAINT-GERMAIN, 108

1888

LES MALADIES

DE

LA VOLONTÉ

A LA MÊME LIBRAIRIE

AUTRES OUVRAGES DE M. TH. RIBOT

Coulommiers. — Imp. P. Brodard et Gallois

LES MALADIES

DE

LA VOLONTÉ

PAR

TH. RIBOT

Professeur au Collège de France,
Directeur de la *Revue philosophique*.

CINQUIÈME ÉDITION

PARIS

ANCIENNE LIBRAIRIE GERMER BAILLIÈRE ET Cⁱᵉ

FÉLIX ALCAN, ÉDITEUR

108, BOULEVARD SAINT-GERMAIN, 108

1888

LES MALADIES
DE LA VOLONTÉ

INTRODUCTION

Durant ces dernières années, plusieurs auteurs, surtout à l'étranger, ont exposé en détail certaines parties de la psychologie d'après le principe de l'évolution. Il m'a semblé qu'il y aurait quelque profit à traiter ces questions dans le même esprit; mais sous une autre forme — celle de la *dissolution*.

Je me propose donc dans ce travail d'essayer pour la volonté ce que j'ai fait précédemment pour la mémoire, d'en étudier les anomalies et de tirer de cette étude des conclusions sur l'état normal. A beaucoup d'égards, la question est moins facile : le terme volonté désigne une chose plus vague que le terme mémoire. Que l'on considère la mémoire comme une fonction, une propriété ou une faculté, elle n'en reste pas moins une manière d'être stable, une disposition psychique sur laquelle tout le monde peut s'entendre. La volonté, au contraire, se résout en volitions dont chacune est un moment, une forme instable de l'activité, une résultante variant au gré des causes qui la produisent.

Outre cette première difficulté, il y en a une autre qui peut paraître encore plus grande, mais dont nous n'hésiterons pas à nous débarrasser sommairement. Peut-on étudier la pathologie de la volonté, sans toucher à l'inextricable problème du libre arbitre ? — Cette abstention nous paraît possible et même nécessaire. Elle s'impose non par timidité, mais par méthode. Comme toute autre science expérimentale, la psychologie doit rigoureusement s'interdire toute recherche relative aux causes premières. Le problème du libre arbitre est de cet ordre. L'un des grands services de la critique de Kant et de ceux qui l'ont continuée a été de montrer que le problème de la liberté se réduit à savoir si l'on peut sortir de la chaîne des effets et des causes pour poser un commencement absolu. Ce pouvoir, « qui appelle, suspend ou bannit, » comme le définit un contemporain qui l'a profondément étudié [1], ne peut être affirmé qu'à la condition d'entrer dans la métaphysique.

1. Renouvier, *Essai de critique générale*, 2ᵉ édition. I, 65-40 39.

Ici, nous n'avons rien de pareil à tenter. L'expérience interne et externe est notre seul objet; ses limites sont nos limites. Nous prenons les volitions à titre de faits, avec leurs causes immédiates, c'est-à-dire les motifs qui les produisent, sans rechercher si ces causes supposent des causes à l'infini ou s'il y a quelque spontanéité qui s'y ajoute. La question se trouve ainsi posée sous une forme également acceptable pour les déterministes et leurs adversaires, conciliable avec l'une et l'autre hypothèse. Nous espérons d'ailleurs conduire nos recherches de telle manière que l'absence de toute solution sur ce point ne sera pas même une seule fois remarquée.

J'essayerai de montrer au terme de cette étude que, dans tout acte volontaire, il y a deux éléments bien distincts : l'état de conscience, le « Je veux, » qui constate une situation, mais qui n'a par lui-même aucune efficacité; et un mécanisme psychophysiologique très complexe, en qui seul réside le pouvoir d'agir ou d'empêcher. Comme cette conclusion générale ne peut être que le résultat de conclusions partielles fournies par la pathologie, j'écarterai provisoirement dans cette introduction toute vue systématique; je me bornerai à étudier la volonté dans son double mécanisme d'impulsion et d'arrêt, et dans sa source, — le caractère individuel, —

négligeant tous les détails qui n'importent pas à notre sujet [1].

I

Le principe fondamental qui domine la psychologie de la volonté sous sa forme impulsive, à l'état sain comme à l'état morbide, c'est que tout état de conscience a toujours une tendance à s'exprimer, à se traduire par un mouvement, par un acte. Ce principe n'est qu'un cas particulier, propre à la psychologie, de cette loi fondamentale : que le réflexe est le type unique de toute action nerveuse, de toute vie de relation. A proprement parler, l'activité dans l'animal n'est pas un commencement mais une fin, une cause mais un résultat, un début mais une suite. C'est là le point le plus essentiel qu'il ne faut jamais perdre de vue et qui seul explique la physiologie et la pathologie de la volonté, parce que cette tendance de l'état de conscience à se dépenser en un acte psychologique ou physiologique, conscient ou inconscient, est le fait

---

1. On trouvera dans le livre récent de Schneider : *Der menschliche Wille vom Stanpunkte der neueren Entwickelungstheorien,* Berlin, 1882, une bonne monographie de la volonté, à l'état normal et du point de vue de l'évolution. Nous regrettons de n'en avoir eu connaissance que quand ce travail était à peu près achevé.

simple auquel se réduisent les combinaisons et complications de l'activité volontaire la plus haute.

Le nouveau-né n'est, comme l'a défini Virchow, « qu'un être spinal. » Son activité est purement réflexe; elle se manifeste par une telle profusion de mouvements que le travail de l'éducation consistera pendant longtemps à en supprimer ou à en restreindre le plus grand nombre. Cette diffusion des réflexes, qui a sa raison dans des relations anatomiques, traduit dans toute sa simplicité la transformation des excitations en mouvements. Qu'ils soient conscients ou qu'ils éveillent un rudiment de conscience, en aucun cas ils ne représentent une activité volontaire; ils n'expriment proprement que l'activité de l'espèce, ce qui a été acquis, organisé et fixé par l'hérédité; mais ce sont les matériaux avec lesquels la volonté sera construite.

Le désir marque une étape ascendante de l'état réflexe à l'état volontaire. Nous entendons par désir les formes les plus élémentaires de la vie affective, les seules qui puissent se produire, tant que l'intelligence n'est pas née. Physiologiquement, ils ne diffèrent pas des réflexes d'ordre complexe. Psychologiquement, ils en diffèrent par l'état de conscience, souvent très intense, qui les accompagne. Leur tendance a se traduire en actes est immédiate et irrésistible, comme celle des réflexes. A l'état naturel et tant qu'il est encore pur de tout alliage, le désir tend à se satisfaire immédiatement; c'est là sa loi, elle est inscrite dans l'organisme. Les petits enfants, les sauvages en fournissent d'excellents exemples. Chez l'adulte, le désir n'est plus à l'état naturel; l'éducation, l'habitude, la réflexion le mutilent ou le refrènent. Mais souvent il reprend ses droits, et l'histoire nous montre que, chez les despotes que leur opinion et celle des autres placent au-dessus de toute loi, il les garde toujours.

La pathologie nous fera voir que cette forme d'activité augmente quand la volonté faiblit, persiste quand elle disparaît. Elle marque cependant un progrès sur la première période, parce qu'elle dénote un commencement d'individualité. Sur le fond commun de l'activité spécifique, les désirs dessinent vaguement le caractère individuel; ils reflètent la façon de réagir d'un organisme particulier.

Dès qu'une somme suffisante d'expériences a permis à l'intelligence de naître, il se produit une nouvelle forme d'activité, pour laquelle l'épithète d'idéo-motrice est la plus convenable, les idées étant causes de mouvements. Elle a de plus l'avantage de montrer sa parenté avec les réflexes, dont elle n'est qu'un perfectionnement.

Comment une idée peut-elle produire un mouvement? C'est là une question qui embarrassait fort l'ancienne psychologie, mais qui devient simple, quand on considère les faits dans leur vraie nature. C'est une vérité maintenant courante dans la physiologie cérébrale que la base anatomique de tous nos états mentaux comprend à la fois des éléments moteurs et des éléments sensitifs. Je n'insisterai pas sur une question qui a été traitée ailleurs en détail [1] et qui entraînerait une digression. Rappelons simplement que nos perceptions, en particulier les importantes, celles de la vue et du toucher, impliquent à titre d'éléments intégrants des mouvements de l'œil ou des membres; et que si, lorsque nous voyons réellement un objet, le mouvement est un élément essentiel, il doit jouer le même rôle, quand nous voyons l'objet idéalement. Les images et les idées, même abstraites, supposent un substratum anatomique dans lequel les mouvements sont représentés en une mesure quelconque.

Il est vrai que, en serrant la question de plus près, on pourrait dire qu'il faut distinguer deux espèces d'éléments moteurs : ceux qui servent à constituer un état de conscience, et ceux qui servent à le dépenser; les uns intrinsèques, les

1. *Revue philosophique*, octobre 1879, p. 371 et suiv.

autres extrinsèques. L'idée d'une boule, par exemple, est la résultante d'impressions de surfaces et d'ajustements musculaires particuliers; mais ces derniers sont le résultat de la sensibilité musculaire et, à ce titre, sont des sensations de mouvement plutôt que des mouvements proprement dits : ce sont des éléments constitutifs de notre idée plutôt qu'une manière de la traduire au dehors.

Toutefois, cette relation étroite, établie par la physiologie entre l'idée et le mouvement, nous laisse entrevoir comment l'une produit l'autre. En réalité, une idée ne produit pas un mouvement : ce serait une chose merveilleuse que ce changement total et soudain de fonction. Une idée, telle que les spiritualistes la définissent, produisant subitement un jeu de muscles, ne serait guère moins qu'un miracle. Ce n'est pas l'état de conscience, comme tel, mais bien l'état physiologique correspondant, qui se transforme en un acte. Encore une fois, la relation n'est pas entre un événement psychique et un mouvement, mais entre deux états de même nature, entre deux états physiologiques, entre deux groupes d'éléments nerveux, l'un sensitif, l'autre moteur. Si l'on s'obstine à faire de la conscience une cause, tout reste obscur; si on la considère comme le simple accompagnement d'un processus nerveux, qui lui seul est l'événement essentiel, tout devient clair, et les difficultés factices disparaissent.

Ceci admis, nous pouvons classer grossièrement les idées en trois groupes, suivant que leur tendance à se transformer en acte est forte, modérée, ou faible, et même, en un certain sens, nulle.

1° Le premier groupe comprend les états intellectuels, extrêmement intenses (les idées fixes peuvent servir de type). Ils passent à l'acte avec une fatalité, une rapidité presque égales à celles des réflexes. Ce sont les idées « qui nous touchent ». L'ancienne psychologie, affirmant un fait d'expérience vulgaire, disait dans son langage que l'intelligence n'agit sur la volonté que par l'intermédiaire de la sensibilité. En laissant de côté ces entités, cela signifie que l'état nerveux qui correspond à une idée se traduit d'autant mieux en mouvement, qu'il est accompagné de ces autres états nerveux (quels qu'ils soient) qui correspondent à des sentiments. Cette traduction faite, on comprend pourquoi, dans le cas actuel, nous sommes si près de la phase précédente, pourquoi l'action nerveuse est plus énergique, agit sur plus d'éléments.

• La plupart des passions, dès qu'elles dépassent le niveau du pur appétit, rentrent dans ce groupe comme principes d'action. Toute la différence n'est qu'en degré, suivant que, dans le complexus ainsi formé, les éléments affectifs prédominent ou inversement [1].

2° Le deuxième groupe est le plus important pour nous. Il représente l'activité raisonnable, la volonté au sens courant du mot. La conception est suivie d'un acte après une délibération courte ou longue. Si l'on y réfléchit, on trouvera que la plupart de nos actions se ramène à ce type, déduction faite des formes précitées et des habitudes. Que je me lève pour prendre l'air à ma fenêtre, ou que je m'engage pour devenir un jour général, il n'y a qu'une différence du moins au plus : une volition très complexe et à longue portée, comme la dernière, devant se résoudre en une série de volitions simples successivement adaptées aux temps et aux lieux. — Dans ce groupe, la tendance à l'acte n'est ni instantanée ni violente. L'état affectif concomitant est modéré. Beaucoup des actions qui forment le train ordinaire de notre vie ont

---

1. L'indépendance relative de l'idée et du sentiment comme causes de mouvement est nettement établie par certains cas pathologiques. Il arrive que l'idée d'un mouvement est à elle seule incapable de le produire; mais, si l'émotion s'ajoute, il se produit. Un homme atteint de paralysie ne peut par aucun effort de volonté mouvoir son bras; tandis qu'on le verra s'agiter violemment sous l'influence d'une émotion causée par l'arrivée d'un ami. Dans les cas de ramollissement de la moelle épinière entraînant la paralysie, une émotion, une question adressée au malade peut causer des mouvements plus violents dans les membres inférieurs sur lesquels sa volonté n'a pas d'action.

été à l'origine accompagnées d'un sentiment de plaisir, de curiosité, etc. Maintenant le sentiment primitif s'est affaibli, mais le lien entre l'idée et l'acte s'est établi; quand elle naît, il suit.

3° Avec les idées abstraites, la tendance au mouvement est à son minimum. Ces idées étant des représentations de représentations, de purs schémas, des extraits fixés par un signe, l'élément moteur s'appauvrit dans la même mesure que l'élément représentatif. Si l'on considère toutes les formes d'activité que nous venons de passer en revue comme des complications successives du réflexe simple, on peut dire que les idées abstraites sont une ramification collatérale, faiblement rattachée au tronc principal et qui s'est développée à sa manière. Leur tendance motrice se réduit à cette parole intérieure, si faible qu'elle soit, qui les accompagne, ou au réveil de quelque autre état de conscience. Car, de même qu'en physiologie la période centrifuge d'un réflexe n'aboutit pas toujours à un mouvement, mais aussi bien à la sécrétion d'une glande ou à une action trophique; de même, en psychologie, un état de conscience n'aboutit pas toujours à un mouvement, mais à la résurrection d'autres états de conscience, suivant le mécanisme bien connu de l'association.

L'opposition si souvent notée entre les esprits

spéculatifs, qui vivent dans les abstractions, et les gens pratiques, n'est que l'expression visible et palpable de ces différences psychologiques que nous venons de signaler. Rappelons encore, à titre d'éclaircissement, des vérités banales : la différence entre connaître le bien et le pratiquer, voir l'absurdité d'une croyance et s'en défaire, condamner une passion et la sacrifier. Tout cela s'explique par la tendance motrice, extrêmement faible, de l'idée réduite à elle-même. Nous ignorons les conditions anatomiques et physiologiques nécessaires pour la naissance d'une idée abstraite, mais nous pouvons affirmer sans témérité que, dès qu'elle devient un motif d'action, d'autres éléments s'y ajoutent : ce qui arrive chez ceux « qui se dévouent à une idée ». Ce sont les sentiments seuls qui mènent l'homme.

II

A s'en tenir à ce qui précède, l'activité volontaire nous apparaît comme un moment dans cette évolution ascendante qui va du réflexe simple, dont la tendance au mouvement est irrésistible, à l'idée abstraite, où la tendance à l'acte est à son minimum. On n'en peut fixer rigoureusement ni le commencement ni la fin.

la transition d'une forme à l'autre étant presque insensible.

A dessein et pour des raisons de clarté, nous n'avons pas examiné le problème dans sa complexité. Nous avons même éliminé l'un des éléments essentiels, caractéristiques, de la volonté. Telle qu'on l'a considérée jusqu'ici, elle pourrait être définie : un acte conscient, plus ou moins délibéré, en vue d'une fin simple ou complexe, proche ou lointaine. C'est ainsi que paraissent l'entendre des auteurs contemporains, tels que Maudsley et Lewes, lorsqu'ils la définissent « l'excitation causée par des idées » (*impulse by ideas*) ou bien « la réaction motrice des sentiments et des idées ». Ainsi comprise, la volition serait simplement un « laisser faire ». Mais elle est tout autre chose. Elle est aussi une puissance d'*arrêt*, ou, pour parler la langue de la physiologie, un pouvoir d'*inhibition*.

Pour la psychologie fondée sur la seule observation intérieure, cette distinction entre permettre et empêcher a peu d'importance; mais pour la psychologie, qui demande au mécanisme physiologique quelque éclaircissement sur les opérations de l'esprit, — et qui tient l'action réflexe pour le type de toute activité, — elle est capitale.

La doctrine courante admet que la volonté est.

un *fiat* auquel les muscles obéissent on ne sait
comment. Dans cette hypothèse, il importe peu
que le *fiat* commande un mouvement ou un
arrêt. Mais si l'on admet, avec tous les physiologistes contemporains, que le réflexe est le
type et la base de toute action, et si, par conséquent, il n'y a pas lieu de chercher pourquoi un
état de conscience se transforme en mouvement,
— puisque c'est la loi — il faut expliquer pourquoi il ne se transforme pas. Malheureusement,
la physiologie est pleine d'obscurités et d'indéci-
sions sur ce point.

Le cas le plus simple du phénomène d'arrêt
ou d'inhibition consiste dans la suspension
des mouvements du cœur par l'excitation du
pneumo-gastrique. On sait que le cœur (indé-
pendamment des ganglions intra-cardiaques)
est innervé par des filets venant du grand
sympathique, qui accélèrent ses battements, et
par des filets du nerf vague. La section de ce
dernier augmente les mouvements; l'excitation
du bout central au contraire les suspend plus
ou moins longtemps. Il est donc un nerf d'arrêt, et l'inhibition est généralement considérée
comme le résultat d'une interférence. L'activité
réflexe des centres cardiaques est ralentie ou
suspendue par les excitations venant du bulbe.
En d'autres termes, l'action motrice du pneu-
mogastrique se dépense dans les centres car-

diaques en activité et produit un arrêt. Tout
ceci n'a pas une portée psychologique immédiate ; mais voici qui nous touche plus.

C'est un fait bien connu que l'excitabilité réflexe de la moelle augmente, quand elle est
soustraite à l'action du cerveau. L'état des animaux décapités en fournit des preuves frap-
pantes. Sans recourir à ces cas extrêmes, on
sait que les réflexes sont bien plus intenses
pendant le sommeil qu'à l'état de veille. Pour
expliquer ce fait, quelques auteurs ont admis
dans le cerveau des centres d'arrêt. Setschenow
les plaçait dans les couches optiques et la région
des tubercules quadrijumeaux. Il s'appuyait sur
ce fait qu'en excitant, par des moyens chimi-
ques ou autres, les parties précitées, il produisait une dépression des réflexes. — Goltz
place ces centres d'arrêt dans le cerveau proprement dit.

Ces hypothèses et d'autres analogues [1] ont été
fort critiquées, et beaucoup de physiologistes
admettent simplement que, à l'état normal, les
excitations se répartissent à la fois dans le cerveau par une voie ascendante et dans la moelle
par une voie transverse ; que, au contraire, dans

1. Pour l'historique complet de la question, on peut consulter
Eckhard, *Physiologie des Rückenmarks* dans la *Physiologie* de
Hermann, 2e volume, 2e partie, p. 33 et suiv. On y trouvera les
expériences et interprétations de Setschenow, Goltz, Schiff,
Herzen, Cyon, etc., etc

les cas où le cerveau ne peut jouer un rôle, les
excitations ne trouvant plus qu'une seule voie
ouverte, il en résulte une sorte d'accumulation
dont l'effet est une excitabilité réflexe exagérée.

Dans ces derniers temps, Ferrier [1], se plaçant
à un point de vue dont l'importance psychologique est évidente, a admis dans les lobes frontaux l'existence de centres modérateurs qui seraient le facteur essentiel de l'attention.

Sans entrer dans plus de détails, on voit que,
pour expliquer le mécanisme de l'inhibition, il
n'y a aucune doctrine claire et universellement
acceptée comme pour les réflexes. Les uns admettent que l'arrêt vient de deux tendances
contraires qui s'entravent ou s'annihilent. D'autres admettent des centres d'arrêt (et même
des nerfs d'arrêt) capables de supprimer une
action transmise, au lieu de la renforcer. Il y a
encore plusieurs hypothèses qu'il est inutile de
mentionner [2]. Dans cet état d'ignorance, examinons la question de notre mieux.

Dans tout arrêt volontaire, il y a deux choses
à considérer : le mécanisme qui le produit, —
nous venons d'en parler ; l'état de conscience
qui l'accompagne, — nous allons en parler.

D'abord, il y a des cas où l'arrêt n'a pas

---

1. Ferrier, *Les fonctions du cerveau*, p. 103, 104.
2 Voir. Wundt, *Mechanik der Nerven*; Lewes, *Physical Basis of Mind*, p. 300-301.

besoin d'être expliqué, ceux où l'incitation volontaire cesse d'elle-même : quand nous jetons
de côté, par exemple, un livre décidément
ennuyeux.

D'autres cas paraissent s'expliquer, par l'une
des hypothèses précitées. Nous arrêtons volon-
tairement le rire, le bâillement, la toux, certains mouvements passionnés, en mettant en
action, à ce qu'il semble, les muscles antagonistes.

Pour les cas où l'on ignore comment l'arrêt
se produit, où le mécanisme physiologique
reste inconnu, la psychologie pure nous apprend encore quelque chose. Prenons l'exemple
le plus banal : un accès de colère arrêté par la
volonté. Pour ne pas nous exagérer le pouvoir
volontaire, remarquons d'abord que cet arrêt
est loin d'être la règle. Certains individus en
paraissent tout à fait incapables. Les autres le
sont très inégalement ; leur puissance d'arrêt
varie au gré du moment et des circonstances.
Bien peu sont toujours maîtres d'eux-mêmes.

Il faut, pour que l'arrêt se produise, une première condition : le temps. Si l'incitation est si
violente qu'elle passe aussitôt à l'acte, tout est
fini ; quelque sottise qui s'ensuive, il est trop
tard. Si la condition de temps est remplie, si
l'état de conscience suscite des états antagonistes, s'ils sont suffisamment stables, l'arrêt a

lieu. Le nouvel état de conscience tend à supprimer l'autre et, en affaiblissant la cause,
enraye les effets.

Il est d'une importance capitale pour la pathologie de la volonté de rechercher le phénomène physiologique qui se produit en pareil
cas. On ne peut douter que la quantité de
l'influx nerveux (quelque opinion qu'on ait sur
sa nature) varie d'un individu à l'autre, et d'un
moment à l'autre chez le même individu. On ne
peut douter non plus qu'à un moment donné,
chez un individu quelconque, la quantité disponible peut être distribuée d'une manière variable. Il est clair que, chez le mathématicien qui
spécule et chez l'homme qui satisfait une passion
physique, la quantité d'influx nerveux ne se dépense pas de la même manière et qu'une forme
de dépense empêche l'autre, le capital disponible
ne pouvant être employé à la fois à deux fins.

« Nous voyons, dit un physiologiste [1], que
l'excitabilité de certains centres nerveux est
atténuée par la mise en activité de certains
autres, si les excitations qui atteignent ces derniers ont une certaine intensité : tel est le fait.
Si nous considérons le fonctionnement normal
du système nerveux, nous constatons qu'il
existe un équilibre nécessaire entre les diffé-

1. Franck, *Dict. encycl. des sciences médicales*, art. NERVEUX,
p. 572.

rènts appareils de ce système. Nous savons que cet équilibre peut être rompu par la prédominance anormale de certains centres, lesquels semblent détourner à leur profit une trop grande part de l'activité nerveuse : dès lors, le fonctionnement des autres centres nous apparaît troublé..... Il y a des lois générales qui président à la répartition de l'activité nerveuse dans les différents points du système, comme il y a des lois mécaniques qui gouvernent la circulation du sang dans le système vasculaire : si une grande perturbation survient dans un département vasculaire important, l'effet ne peut manquer d'être ressenti dans tous les autres points du système. Ces lois d'hydrodynamique, nous les saisissons, parce que le fluide en circulation nous est accessible et que nous connaissons les propriétés des vaisseaux qui les contiennent, les effets de l'élasticité, ceux de la contraction musculaire, etc. Mais les lois de la répartition de l'activité nerveuse, de cette sorte de circulation de ce qu'on a nommé le fluide nerveux, qui les connaît ? On constate les effets des ruptures d'équilibre de l'activité nerveuse; mais ce sont là des troubles essentiellement variables, qui se dérobent encore à toute tentative de théorie. Nous ne pouvons qu'en noter la production en tenant compte des conditions qui les accompagnent. »

Si nous appliquons ces considérations générales à notre cas particulier, que voyons-nous ? L'état de conscience primitif (colère) a évoqué des états antagonistes qui varient nécessairement d'un homme à un autre : idée du devoir, crainte de Dieu, de l'opinion, des lois, des conséquences funestes, etc. Il s'est produit par là un deuxième centre d'action, c'est-à-dire, en termes physiologiques, une dérivation de l'afflux nerveux, un appauvrissement du premier état au profit du second. Cette dérivation est-elle suffisante pour rétablir l'équilibre ? L'événement seul donne la réponse.

Mais, quand l'arrêt se produit, il n'est jamais que relatif, et son seul résultat est d'aboutir à une moindre action. Ce qui reste de l'impulsion primitive se dépense comme il peut, par des gestes à demi contenus, des troubles dans les viscères ou par quelque dérivation artificielle, comme ce soldat qui, pendant qu'on le fusillait, mâchait une balle pour ne pas crier. Très peu sont assez bien doués par la nature et façonnés par l'habitude pour réduire les réflexes à des mouvements imperceptibles.

Cette dérivation de l'influx nerveux n'est donc pas un fait primitif, mais un état de formation secondaire, constitué aux dépens du premier par le moyen d'une association.

Remarquons encore que, outre la naissance

de ces deux centres d'action antagonistes, il y a d'autres causes qui tendent à affaiblir directement les impulsions primitives.

Mais nous devons examiner ici la difficulté de plus près, car la coexistence de ces deux états de conscience contraires [1], suffisante pour produire l'indécision, l'incertitude, le non-agir, ne l'est pas pour produire un arrêt volontaire, au sens réel du mot, un « je ne veux pas ». Il faut une condition de plus. Elle se rencontre dans un élément affectif de la plus haute importance, dont nous n'avons rien dit. Les sentiments ne sont pas tous des stimulants à l'action. Beaucoup ont un caractère *dépressif*. La terreur peut en être considéré comme le type extrême. A son plus haut degré, elle anéantit. Un homme brusquement frappé d'une grande douleur est incapable de toute réaction volontaire ou réflexe. L'anémie cérébrale, l'arrêt du cœur amenant quelquefois la mort par syncope, la sueur avec refroidissement de la peau, le relâchement des sphincters : tout indique que l'excitabilité des centres musculaires, vaso-moteurs, sécrétoires, etc., est momentanément suspendue. Ce cas est extrême, mais il nous donne un grossissement. Au-dessous, nous avons tous les degrés possibles

---

1. Il est bien entendu que nous ne les séparons pas de leurs onditions physiologiques, qui sont l'élément principal.

de crainte avec tous les degrés correspondants de la dépression.

Descendons de ce *maximum* à la crainte modérée, l'effet dépressif diminue, mais sans changer de nature. Or, comment arrête-t-on les mouvements de colère chez l'enfant? Par les menaces, les réprimandes; c'est-à-dire par la production d'un nouvel état de conscience à caractère déprimant, propre à paralyser l'action. « Une enfant de trois ans et demi, dit M. B. Perez, comprend à l'air du visage, au ton de voix, qu'on la réprimande : alors son front se plisse, ses lèvres se crispent convulsivement, font un instant la moue, ses yeux s'humectent de larmes, elle est près de sangloter [1]. » L'état nouveau tend donc à supplanter l'autre non seulement par sa propre force, mais par l'affaiblissement qu'il inflige à l'être tout entier.

Si, malgré des menaces répétées, l'arrêt ne se produit pas, l'individu est peu ou point éducable sous ce rapport. S'il se produit, il en résulte, en vertu d'une loi bien connue, qu'une association tend à s'établir entre les deux états; le premier éveille le second, — son correctif, — et, par l'habitude, l'arrêt devient de plus en plus facile et rapide. Chez ceux qui sont maîtres d'eux-mêmes, l'arrêt se produit avec cette sû-

---

1. *La psychologie de l'enfant*, p. 33.

reté qui est la marque de toute habitude parfaite. Il est clair, d'ailleurs, que le tempérament et le caractère importent ici encore plus que l'éducation.

Il n'est donc pas surprenant qu'une tempête cède devant de froides idées, devant des états de conscience dont la tendance motrice est assez faible : c'est qu'il y a par derrière eux une force accumulée, latente, inconsciente, comme nous venons de le voir.

Pour comprendre cet apparent miracle, il ne faut pas considérer l'adulte éduqué, réfléchi, mais l'enfant. Chez celui-ci (le sauvage, l'homme mal dégrossi ou inéducable s'en rapprochent), la tendance à l'acte est immédiate. L'œuvre de l'éducation consiste justement à susciter ces états antagonistes : et il faut entendre par éducation aussi bien celle que l'enfant doit à sa propre expérience que celle qu'il reçoit d'autrui.

Je crois d'ailleurs inutile de montrer que tous les sentiments qui produisent un arrêt : crainte ou respect des personnes, des lois, des usages, de Dieu, ont été à l'origine et restent toujours des états dépressifs, qui tendent à diminuer l'action.

En somme, le phénomène d'arrêt peut s'expliquer, d'une manière suffisante pour notre dessein, par une analyse des conditions psychologiques où il se produit, quelque opinion qu'on ait sur le mécanisme physiologique. Sans doute, il serait désirable d'y voir plus clair, d'avoir une idée plus nette du *modus operandi*, par lequel deux excitations presque simultanées se neutralisent. Si cette question obscure était vidée, notre conception de la volonté comme puissance d'arrêt deviendrait plus précise, peut-être autre. Il faut se résigner à attendre ; nous retrouverons d'ailleurs sous d'autres formes ce difficile problème.

III

Nous avons considéré jusqu'ici l'activité volontaire sous une forme exclusivement analytique, qui ne peut en donner une idée exacte, la montrer dans sa totalité. Elle n'est ni une simple transformation d'états de conscience quelconques en mouvement, ni un simple pouvoir d'arrêt : elle est la réaction propre d'un individu. Il nous faut insister sur ce point, sans lequel la pathologie est incompréhensible.

Les mouvements volontaires ont pour premier caractère d'être *adaptés ;* mais c'est une marque qui leur est commune avec l'immense majorité des mouvements physiologiques : la différence n'est qu'en degrés.

En laissant de côté les mouvements d'ordre pathologique (convulsions, chorée, épilepsie, etc.) qui se produisent sous la forme d'une décharge violente et désordonnée, l'adaptation se retrouve du plus bas au plus haut.

Les réflexes ordinaires sont des réactions de la moelle épinière, adaptées à des conditions très générales et par conséquent très simples, uniformes, invariables d'un individu à l'autre (sauf des cas exceptionnels). Ils ont un caractère *spécifique*.

Un autre groupe des réflexes représente les réactions de la base et de la partie moyenne de l'encéphale, — bulbe, corps striés, couches optiques. — Ces réactions sont aussi adaptées à des conditions générales peu variables, mais d'un ordre beaucoup plus complexe : c'est l'activité « sensori-motrice » de certains auteurs. Elles ont encore un caractère bien plus spécifique qu'individuel, tant elles se ressemblent d'un individu à l'autre, dans la même espèce.

Les réflexes cérébraux, surtout les plus élevés, consistent en une réaction adaptée à des conditions très complexes, très variables, très instables, différant d'un individu à l'autre, et d'un instant à l'autre dans le même individu. Ce sont les réactions idéo-motrices, les volitions. Si parfaite qu'elle soit, cette adaptation n'est cependant pas pour nous ce qui importe. Elle n'est qu'un effet, dont la cause n'est pas la volition, mais l'activité intellectuelle. L'intelligence étant une correspondance, un ajustement continuel de relations internes à des relations externes, et sous sa forme la plus haute, un ajustement parfaitement coordonné; la coordination de ces états de conscience implique celle des mouvements qui les expriment. Dès qu'un but est choisi, il agit à la manière de ce que les métaphysiciens appellent une cause finale : il entraîne le choix des moyens propres à l'atteindre. L'adaptation est donc un résultat du mécanisme de l'intelligence; nous n'avons pas à nous y arrêter.

Mais ce qui nous intéresse, c'est ce *choix*, cette préférence affirmée, après une comparaison plus ou moins longue des motifs. C'est lui qui représente la réaction individuelle, distincte des réactions spécifiques, et, nous le verrons, dans la pathologie, tantôt inférieure, tantôt supérieure à elles.

Qu'est-ce que ce choix? Considéré dans sa forme, il n'est rien de plus qu'une affirmation *pratique*, un jugement qui s'exécute. Qu'on le remarque bien : du côté physiologique et extérieur, rien ne distingue un mouvement volontaire d'un mouvement involontaire, le mécanisme est le même, que je cligne des yeux par action réflexe ou à dessein pour avertir un complice [1].

1. On distingue en physiologie les muscles volontaires des

Du côté psychologique et intérieur, rien ne distingue le jugement· au sens logique du mot, c'est-à-dire une affirmation théorique, de la volition ; sinon que celle-ci se traduit par un acte et qu'elle est ainsi un jugement mis à exécution.

Mais qu'est-il, considéré dans son fond et non plus dans sa forme? Insistons sur ce point fondamental, et essayons de l'éclaircir. En descendant à quelques faits biologiques très humbles, nous verrons mieux peut-être en quoi consiste un choix. Pour ne pas m'égarer dans de lointaines analogies, je ne dirai rien de l'affinité physique (par exemple de l'aimant pour le fer). Dans le règne végétal, je rappellerai seulement que les plantes insectivores, comme la dionée, choisissent, à l'exclusion des autres, certains corps qui viennent à leur contact. L'amibe choisit de même certains fragments organiques dont elle se nourrit. Ces faits sont incontestables : l'interprétation est difficile. On les explique, en général, par un rapport de composition moléculaire entre ce qui choisit et ce qui est choisi. Sans doute ici le choix s'exerce dans

muscles involontaires, mais en faisant remarquer que cette distinction n'a rien d'absolu. Il y a des personnes, comme le physiologiste E.-F. Weber, qui peuvent à volonté arrêter les mouvements de leur cœur; d'autres, comme Fontana, produire une contraction de l'iris, etc. Un mouvement est volontaire, lorsque, à la suite d'essais heureux et répétés, il est lié à un état de conscience et sous son commandement.

un champ très restreint ; mais aussi n'en est-ce
que la forme la plus grossière, presque physique. La naissance et le développement d'un
système nerveux de plus en plus complexe transforment cette affinité aveugle en une tendance
consciente, puis en plusieurs tendances contradictoires dont l'une l'emporte, — celle qui représente le *maximum* d'affinité (le chien qui
hésite entre plusieurs mets et finit par en choisir
un). Mais partout le choix exprime la nature de
l'individu, à un moment donné, dans des circonstances données et à un degré donné ; c'est-
à-dire que plus l'affinité est faible, moins la
préférence est marquée. Nous pouvons donc
dire que le choix, qu'il résulte d'une tendance,
de plusieurs tendances, d'une sensation présente, d'images rappelées, d'idées complexes,
de calculs compliqués et projetés dans l'avenir,
est toujours fondé sur une affinité, une analogie
de nature, une adaptation. Cela est vrai chez
l'animal inférieur ou supérieur et chez l'homme,
pour le vice ou la vertu, la science ou le plaisir
ou l'ambition. Pour nous en tenir à l'homme,
deux ou plusieurs états de conscience surgissent
à titre de buts possibles d'action : après des
oscillations, l'un est préféré, choisi. Pourquoi,
sinon parce que, entre cet état et la somme des
états conscients, subconscients et inconscients
(purement physiologiques) qui constituent en ce

moment la personne, le moi, il y a convenance, analogie de nature, affinité? C'est la seule explication possible du choix, à moins d'admettre qu'il est sans cause. On me propose de tuer un ami : cette tendance est repoussée avec horreur, exclue; c'est-à-dire qu'elle est en contradiction avec mes autres tendances et sentiments, qu'il n'y a aucune association possible entre elle et eux et que par là même elle est anni-hilée.

Chez le criminel, au contraire, entre la représentation de l'assassinat et les sentiments de haine ou de cupidité, un lien de convenance, c'est-à-dire d'analogie, s'établit; il est par suite choisi, affirmé comme devant être. *Considérée comme état de conscience, la volition n'est donc rien de plus qu'une affirmation* (ou une négation). Elle est analogue au jugement, avec cette différence que l'un exprime un rapport de convenance (ou de disconvenance) entre des idées, l'autre les mêmes rapports entre des tendances; que l'un est un repos pour l'esprit, l'autre une étape vers l'action; que l'un est une acquisition, l'autre une aliénation; car l'intelligence est une épargne et la volonté une dépense. Mais la volition, par elle-même, *à titre d'état de conscience*, n'a pas plus d'efficacité pour produire un acte que le jugement pour produire la vérité. L'efficacité vient d'ailleurs.

Nous reviendrons dans la conclusion sur ce point très important [1].

La raison dernière du choix est donc dans le caractère, c'est-à-dire dans ce qui constitue la marque propre de l'individu au sens psychologique et le différencie de tous les autres individus de son espèce.

Le caractère ou — pour employer un terme plus général — la personne, le moi, qui est pour nous une cause, est-il à son tour un effet? A n'en pas douter; mais nous n'avons pas à nous occuper ici des causes qui le produisent. La science du caractère, que Stuart Mill réclamait, il y a plus de quarante ans, sous le nom d'éthologie, n'est pas faite, ni, à ce qu'il me semble, près de l'être. Le fût-elle, nous n'aurions qu'à en accepter les résultats, sans tenter une excursion sur son domaine; car remonter toujours d'effets en causes, par une progression sans fin, ce serait suivre les errements de la mé-

---

1. Nous venons d'exprimer sous une autre forme ce fait évident que le choix va toujours dans le sens du plus grand plaisir. Tout animal, dénué ou doué de raison, sain ou malade, ne peut vouloir que ce qui lui *paraît*, au moment actuel, son plus grand bien ou son moindre mal. L'homme même qui préfère la mort au déshonneur ou à l'apostasie choisit le parti le moins désagréable. Le caractère individuel et le développement de la raison font que le choix tantôt monte très haut, tantôt tombe très bas; mais toujours il tend vers ce qui agrée le plus. Le contraire est impossible. C'est là une vérité psychologique si claire que les anciens l'avaient déjà posée en axiome, et il a fallu des volumes de métaphysique pour l'obscurcir.

taphysique. Encore une fois, pour le sujet qui nous occupe, le caractère est une donnée ultime, une vraie cause, bien que, pour un autre ordre de recherches, elle soit un effet. Remarquons, en passant et à titre de simple suggestion, que le caractère — c'est-à-dire le moi en qu'il tant réagit — est un produit extrêmement complexe que l'hérédité, les circonstances physiologiques antérieures à la naissance et postérieures à la naissance, l'éducation, l'expérience, ont contribué à former. On peut affirmer aussi sans témérité que ce qui le constitue, ce sont bien plutôt des états affectifs, une manière propre de sentir, qu'une activité intellectuelle. C'est cette manière générale de sentir, ce ton permanent de l'organisme qui est le premier et véritable moteur. S'il fait défaut, l'homme ne peut plus vouloir : la pathologie nous le fera voir. C'est parce que cet état fondamental est, suivant la constitution des individus, stable ou labile, continu ou variable, énergique ou faible, qu'il y a trois types principaux de volonté — ferme, faible, intermittente — avec tous les degrés et nuances que ces types comportent; mais, nous le répétons encore, ces différences proviennent du caractère de l'individu, qui dépend de sa constitution propre : il n'y a rien à chercher au delà.

Nous sommes donc complètement d'accord

avec ceux qui nient que la prédominance d'un
motif explique à elle seule la volition. Le motif
prépondérant n'est qu'une portion de la cause
et toujours la plus faible, quoique la plus visible; et il n'a d'efficacité qu'autant qu'il est
choisi, c'est-à-dire qu'il entre à titre de partie
intégrante dans la somme des états qui constituent le moi, à un moment donné, et que sa
tendance à l'acte s'ajoute à ce groupe de tendances qui viennent du caractère, pour ne faire
qu'un avec elles.

Il n'est donc en rien nécessaire de faire du
moi une entité ou de le placer dans une région
transcendante, pour lui reconnaître une cau-
salité propre. C'est un fait d'expérience très
simple, très net; le contraire ne se comprend
pas.

Physiologiquement, cela signifie que l'acte
volontaire diffère et du réflexe simple où une
seule impression est suivie d'un ensemble de
contractions, et des formes plus complexes où
une seule impression est suivie d'un ensemble
de contractions; qu'il est le résultat de l'organisation nerveuse tout entière, qui reflète elle-
même la nature de l'organisme tout entier et
réagit en conséquence.

Psychologiquement, cela signifie que l'acte
volontaire, sous sa forme complète, n'est pas
la simple transformation d'un état de conscience

en mouvement, mais qu'il suppose la participation de tout ce groupe d'états conscients, ou subconscients, qui constituent le moi à un moment donné.

Nous sommes donc fondés à définir la volonté une réaction individuelle et à la tenir pour ce qu'il y a en nous de plus intime. Le moi, quoique un effet, est une cause. Il l'est au sens le plus rigoureux, de façon à satisfaire toutes les exigences.

En résumé, nous avons vu que, du réflexe le plus bas à la volonté la plus haute, la transition est insensible, et qu'il est impossible de dire exactement le moment où commence la volition propre, c'est-à-dire la réaction personnelle. D'un extrême à l'autre de la série, la différence se réduit à deux points : d'un côté, une extrême simplicité; de l'autre, une extrême complexité; — d'un côté, une réaction toujours la même chez tous les individus d'une même espèce; de l'autre, une réaction qui varie selon l'individu, c'est-à-dire d'après un organisme particulier limité dans le temps et l'espace. Simplicité et permanence, complexité et changement vont de pair.

Il est clair qu'au point de vue de l'évolution toutes les réactions ont été à l'origine individuelles. Elles sont devenues organiques, spécifiques, par des répétions sans nombre dans l'in-

dividu et la race. L'origine de la volonté est
dans cette propriété qu'a la matière vivante de
réagir, sa fin est dans cette·propriété qu'a la
matière vivante de s'habituer, et c'est cette activité involontaire, fixée à jamais, qui sert de
support et d'instrument à l'activité individuelle.

Mais, chez les animaux supérieurs, le legs
héréditaire, les hasards de naissance, l'adaptation continuelle à des conditions variant à chaque
instant, ne permettent pas à la réaction individuelle de se fixer ni de prendre une même
forme chez tous les individus. La complexité
de leur milieu est une sauvegarde contre l'automatisme.

Nous terminons ici ces préliminaires, en rappelant que leur seul but était de préparer à la
pathologie, que nous allons maintenant aborder.

CHAPITRE PREMIER

LES AFFAIBLISSEMENTS DE LA VOLONTÉ

I. — Le défaut d'impulsion.

Nous venons de voir que ce terme volonté désigne des actes assez différents quant aux conditions de leur genèse, mais qui ont tous ce caractère commun d'être, sous une forme et à un degré quelconque, une réaction de l'individu. Sans revenir sur cette analyse, notons, pour des raisons de clarté et de précision, deux caractères extérieurs auxquels la volition véritable se reconnaît : elle est un état définitif; elle se traduit par un acte.

L'irrésolution, qui est un commencement d'état morbide, a des causes intérieures que la pathologie nous fera comprendre : elle vient de la faiblesse des incitations ou de leur action éphémère. Parmi les caractères irrésolus, quelques-uns — c'est le très petit nombre — le sont par richesse d'idées. La comparaison des motifs, les raisonnements, le calcul des conséquences, constituent un état cérébral extrêmement complexe où les tendances à l'acte s'entravent. Mais cette richesse d'idées n'est pas à elle seule une cause suffisante de l'irrésolution ; elle n'est qu'une cause adjuvante. La vraie cause, ici comme partout, est dans le caractère.

Chez les irrésolus, pauvres d'idées, cela se voit mieux. S'ils agissent, c'est toujours dans le sens de la moindre action ou de la plus faible résistance. La délibération aboutit difficilement à un choix, le choix plus difficilement à un acte.

La volition, au contraire, est un état définitif : elle clôt le débat. Par elle, un nouvel état de conscience — le motif choisi — entre dans le moi à titre de partie intégrante, à l'exclusion des autres états. Le moi est ainsi constitué d'une manière fixe. Chez les natures changeantes, ce définitif est toujours provisoire, c'est-à-dire que le moi voulant est un composé si instable que le plus insignifiant état de conscience, en surgissant, le modifie, le fait autre. Le composé formé à chaque instant n'a aucune force de résistance à l'instant qui suit.

Dans cette somme d'états conscients et inconscients qui, à chaque instant, représentent les causes de la volition, la part du caractère individuel est un *minimum*, la part des circonstances extérieures un *maximum*. Nous retombons dans cette forme inférieure de la volonté étudiée plus haut qui consiste en un « laisser faire ».

Il ne faut jamais oublier non plus que vouloir c'est agir, que la volition est un passage à l'acte. Réduire, comme on l'a fait quelquefois, la volonté à la simple résolution, c'est-à-dire à l'affirmation théorique qu'une chose sera faite, c'est s'en tenir à une abstraction. Le choix n'est qu'un moment dans le processus volontaire. S'il ne se traduit pas en acte, immédiatement ou en temps utile, il n'y a plus rien qui le distingue d'un opération logique de l'esprit. Il ressemble à ces lois écrites qu'on n'applique pas.

Ces remarques faites, entrons dans la pathologie. Nous diviserons les maladies de la volonté en deux grandes classes, suivant qu'elle est *affaiblie* ou *abolie*.

Les affaiblissements de la volonté constituent la partie la plus importante de sa pathologie ; ils montrent le mécanisme faussé. Nous les diviserons en deux groupes :

1° Les affaiblissements par défaut d'impulsion ;

2° Les affaiblissements par excès d'impulsion·

3° En raison de leur importance, nous examinerons à part les affaiblissements de l'attention volontaire.

4° Enfin, sous ce titre « Le règne des capri- ces », nous étudierons un état particulier où la volonté ne parvient jamais à se constituer ou ne le fait que par accident.

I

Le premier groupe contient des faits d'un caractère simple, net et dont l'examen est ins- tructif. A l'état normal, on en trouve une ébau- che dans les caractères mous qui ont besoin, pour agir, qu'une autre volonté s'ajoute à la leur ; mais la maladie va nous montrer cet état sous un prodigieux grossissement.

Guislain a décrit en termes généraux cet affai- blissement que les médecins désignent sous le nom d'*aboulie*. « Les malades savent vouloir intérieurement, mentalement, selon les exigen- ces de la raison. Ils peuvent éprouver le désir de faire ; mais ils sont impuissants à faire con- venablement. Il y a au fond de leur entendement une impossibilité. Ils voudraient travailler et ils ne peuvent..... Leur volonté ne peut franchir certaines limites : on dirait que cette force d'action subit un arrêt : le *je veux* ne se trans- forme pas en volonté impulsive, en détermina- tion active. Des malades s'étonnent eux-mêmes de l'impuissance dont est frappée leur volonté...

Lorsqu'on les abandonne à eux-mêmes, ils passent des journées entières dans leur lit ou sur une chaise. Quand on leur parle et qu'on les excite, ils s'expriment convenablement, quoique d'une manière brève : ils jugent assez bien des choses [1]. »

Comme les malades chez qui l'intelligence est intacte sont les plus intéressants, nous ne citerons que des cas de ce genre. L'une des plus anciennes observations et la plus connue est due à Esquirol :

« Un magistrat, très distingué par son savoir et la puissance de sa parole, fut, à la suite de chagrins, atteint d'un accès de monomanie..... Il a recouvré l'entier usage de sa raison ; mais il ne veut pas rentrer dans le monde, quoiqu'il reconnaisse qu'il a tort ; ni soigner ses affaires, quoiqu'il sache bien qu'elles souffrent de ce travers. Sa conversation est aussi raisonnable que spirituelle. Lui parle-t-on de voyager, de soigner ses affaires : je sais, répond-il, que je le devrais et que je ne peux le faire. Vos conseils sont très bons, je voudrais suivre vos avis, je suis convaincu, mais faites que je puisse vouloir, de ce vouloir qui détermine et exécute. — Il est certain, me disait-il un jour, que je

---

1. Guislain, *Leçons orales sur les phrénopathies*, tome I, p. 479, p. 46 et p. 256. Voir aussi Griesinger, *Traité des maladies mentales*, p. 46 ; Leubuscher, *Zeitschrift für Psychiatrie* 1847.

n'ai de volonté que pour ne pas vouloir ; car j'ai toute ma raison ; je sais ce que je dois faire ; mais la force m'abandonne lorsque je devrais agir [1]. »

Le médecin anglais Bennett rapporte le cas d'un homme « qui fréquemment ne pouvait pas exécuter ce qu'il souhaitait. Souvent, il essayait de se déshabiller et restait deux heures avant de pouvoir tirer son habit, toutes ses facultés mentales, sauf la volition, étant parfaites. Un jour, il demanda un verre d'eau ; on le lui présente sur un plateau, mais il ne pouvait le prendre, quoiqu'il le désirât ; et il laissa le domestique debout devant lui pendant une demi-heure, avant de pouvoir surmonter cet état. « Il lui semblait, disait-il, qu'une autre personne avait pris possession de sa volonté [2]. »

Un auteur qu'il faut toujours citer pour les faits de psychologie morbide, Th. de Quincey, nous a décrit d'après sa propre expérience cette paralysie de la volonté. L'observation est d'autant plus précieuse qu'elle est due à un esprit subtil et à un écrivain délicat.

Par l'abus prolongé de l'opium, il dut abandonner des études qu'il poursuivait autrefois avec un grand intérêt. Il s'en éloignait avec un sentiment d'impuissance et de faiblesse enfan-

---

1. Esquirol, I, 420.
2. Bennett, ap. Carpenter, *Mental Physiology*, p. 385.

tine, avec une angoisse d'autant plus vive qu'il se rappelait le temps où il leur consacrait des heures délicieuses. Un ouvrage inachevé, auquel il avait donné le meilleur de son intelligence, ne lui paraissait plus qu'un tombeau d'espérances éteintes, d'efforts frustrés, de matériaux inutiles, de fondations jetées pour un édifice qui ne se construirait jamais. Dans « cet état de débilité volitionnelle, mais non intellectuelle, » il s'appliqua à l'économie politique, étude à laquelle il avait été autrefois éminemment propre. Après avoir découvert beaucoup d'erreurs dans les doctrines courantes, il trouva dans le traité de Ricardo une satisfaction pour sa soif intellectuelle, et un plaisir, une activité qu'il ne connaissait plus depuis longtemps. Pensant que des vérités importantes avaient cependant échappé à l'œil scrutateur de Ricardo, il conçut le projet d'une *Introduction à tout système futur d'économie politique*. Des arrangements furent faits pour imprimer et publier l'ouvrage, et il fut annoncé à deux fois. Mais il avait à écrire une préface et une dédicace à Ricardo, et il se trouva complètement incapable de le faire ; aussi les arrangements furent contremandés, et l'ouvrage resta sur sa table.

« Cet état de torpeur intellectuelle, je l'ai éprouvé plus ou moins durant les quatre années que j'ai passées sous l'influence des enchante-

ments circéens de l'opium. C'était une telle
misère qu'on pourrait dire en vérité que j'ai
vécu à l'état de sommeil. Rarement j'ai pu
prendre sur moi d'écrire une lettre : une réponse de quelques mots, c'est tout ce que je
pouvais faire à l'extrême rigueur, et souvent
après que la lettre à répondre était restée sur
ma table des semaines et même des mois. Sans
l'aide de M..., aucune note des billets soldés
ou à solder n'eût été prise, et toute mon économie domestique, quoiqu'il advînt de l'économie politique, fût tombée dans une confusion
inexprimable. C'est là un point dont je ne parlerai plus et dont tout mangeur d'opium fera
finalement l'expérience : c'est l'oppression et le
tourment que causent ce sentiment d'incapacité
et de faiblesse, cette négligence et ces perpé-
tuels délais dans les devoirs de chaque jour, ces
remords amers, qui naissent de la réflexion. Le
mangeur d'opium ne perd ni son sens moral ni
ses aspirations : il souhaite et désire, aussi vivement que jamais, exécuter ce qu'il croit possible, ce qu'il sent que le devoir exige ; mais
son appréhension intellectuelle dépasse infiniment son pouvoir non seulement d'exécuter,
mais de tenter. Il est sous le poids d'un incube
et d'un cauchemar ; il voit tout ce qu'il souhai-
terait de faire, comme un homme cloué sur
on lit par la langueur mortelle d'une maladies

déprimante, qui serait forcé d'être témoin d'une injure ou d'un outrage infligé à quelque objet de sa tendresse : il maudit le sortilège qui l'enchaîne et lui interdit le mouvement; il se débarrasserait de sa vie s'il pouvait seulement se lever et marcher; mais il est impuissant comme un enfant et ne peut même essayer de se mettre sur pied [1]. »

Je terminerai par une dernière observation, — un peu longue, la plus longue que je connaisse, mais qui montrera la maladie sous tous ses aspects. Elle est rapportée par Billod dans les *Annales médico-psychologiques*.

Il s'agit d'un homme de soixante-cinq ans, « d'une constitution forte, d'un tempérament lymphatique, d'une intelligence développée surtout pour les affaires, d'une sensibilité médiocre. » Très attaché à sa profession de notaire, il ne se décida à vendre son étude qu'après de longues hésitations. A la suite, il tomba dans un état de mélancolie profonde, refusant les aliments, se croyant ruiné et poussant le désespoir jusqu'à une tentative de suicide.

Je ne néglige, dans ce qui suit, que quelques détails purement médicaux ou sans intérêt pour nous, et je laisse parler l'observateur :

« La faculté qui nous a paru le plus notable-

1. Th. de Quincey, *Confessions, etc.*, p. 186, 188.

ment altérée, c'est la volonté..... Le malade
accuse une impossibilité fréquente de vouloir
exécuter certains actes, bien qu'il en ait le désir
et que son jugement sain, par une sage délibération, lui en fasse voir l'opportunité, souvent
même la nécessité..... »

Le malade était renfermé à la maison d'Ivry ;
il fut décidé qu'il entreprendrait avec M. Billod
le voyage d'Italie.

« Lorsqu'on lui annonça son prochain départ : « Je ne pourrai jamais, dit-il ; cependant
« cela m'ennuie. » La veille, il déclare de nouveau « qu'il ne pourra jamais ». Le jour même,
il se leva à six heures du matin pour aller faire
cette déclaration à M. M... On s'attendait donc
à une certaine résistance ; mais, lorsque je me
présentai, il ne fit pas la moindre opposition ;
seulement, comme s'il sentait sa volonté prête à
lui échapper : « Où est le fiacre, dit-il, que je
« me dépêche d'y monter. »

« Il serait oiseux d'emmener avec nous le
lecteur et de le faire assister à tous les phénomènes offerts par le malade pendant ce voyage.
Ces phénomènes peuvent très bien se résumer
en trois ou quatre principaux que je donnerai
comme critérium de tous les autres.....

« Le premier s'est présenté à Marseille. Le
malade devait avant de s'embarquer faire une
procuration pour autoriser sa femme à vendre

une maison. Il la rédige lui-même, la transcrit sur papier timbré et s'apprête à la signer, lorsque surgit un obstacle sur lequel nous étions loin de compter. Après avoir écrit son nom, il lui est de toute impossibilité de parapher. C'est en vain que le malade lutte contre cette difficulté. Cent fois au moins, il fait exécuter à sa main, au-dessus de la feuille de papier, les mouvements nécessaires à cette exécution, ce qui prouve bien que l'obstacle n'est pas dans la main ; cent fois la volonté rétive ne peut ordonner à ses doigts d'appliquer la plume sur le papier. M. P..... sue sang et eau ; il se lève avec impatience, frappe la terre du pied, puis se rassied et fait de nouvelles tentatives : la plume ne peut toujours pas s'appliquer sur le papier. Niera-t-on ici que M. P... ait le vif désir d'achever sa signature et qu'il comprenne l'importance de cet acte? Niera-t-on l'intégrité de l'organe chargé d'exécuter le paraphe? L'agent paraît aussi sain que l'instrument ; mais le premier ne peut s'appliquer sur le second. La volonté fait évidemment défaut. Cette lutte a duré trois quarts d'heure ; cette succession d'efforts a enfin abouti à un résultat dont je désespérais : le paraphe fut très imparfait, mais il fut exécuté. J'ai été témoin de cette lutte ; j'y prenais le plus vif intérêt, et je déclare qu'il était impossible de constater plus manifestement une impossibilité de vouloir, malgré le désir [1].

« Je constatai quelques jours après une impossibilité du même genre. Il s'agissait de sortir un peu après le dîner. M. P... en avait le plus vif désir ; il eût voulu, me dit-il, avoir une idée de la physionomie de la ville. Pendant cinq jours de suite, il prenait son chapeau, se tenait debout et se disposait à sortir ; mais, vain espoir, sa volonté ne pouvait ordonner à ses jambes de se mettre en marche pour le transporter dans la rue. « Je suis évidemment mon propre « prisonnier, disait le malade ; ce n'est pas vous « qui m'empêchez de sortir, ce ne sont pas mes « jambes qui s'y opposent : qu'est-ce donc « alors ? » M. P... se plaignait ainsi *de ne pouvoir vouloir*, malgré l'envie qu'il en avait. Après cinq jours enfin, faisant un dernier effort, il parvient à sortir et rentre cinq minutes après, suant et haletant, comme s'il eût franchi en courant plusieurs kilomètres et fort étonné lui-même de ce qu'il venait de faire.

« Les exemples de cette impossibilité se reproduisaient à chaque instant. Le malade avait-il le désir d'aller au spectacle, il ne pouvait vouloir y aller ; était-il à table à côté de convives aimables, il eût voulu prendre part à la conversation, mais toujours la même impuissance le

1. Je transcris littéralement cette observation, sans rien préjuger sur la doctrine psychologique de l'auteur.

poursuivait. Il est vrai que souvent cette impuissance n'existait pour ainsi dire qu'en appréhension ; le malade craignait de ne pas pouvoir, et cependant il y parvenait, même plus souvent qu'il ne l'appréhendait ; mais souvent aussi, il faut le dire, ses appréhensions étaient légitimes. »

Après six jours passés à Marseille, le malade et le médecin s'embarquèrent pour Naples; « mais ce ne fut pas sans une peine inouïe. » Pendant ces six jours, « le malade exprima formellement le refus de s'embarquer et le désir de retourner à Paris, s'effrayant d'avance à l'idée de se trouver avec sa volonté malade dans un pays étranger, déclarant qu'il faudrait le garrotter pour le conduire. Le jour du départ, il ne se décida à sortir de l'hôtel que quand il me crut décidé à faire intervenir un appareil de force ; étant sorti de l'hôtel, il s'arrêta dans la rue, où il fût resté sans doute, sans l'intervention de quatre mariniers, qui n'eurent d'ailleurs qu'à se montrer... »

« Une autre circonstance tend encore à faire ressortir davantage la lésion de la volonté. Nous arrivâmes à Rome le jour même de l'élection de Pie IX. Mon malade me dit : « Voilà une cir-
« constance que j'appellerais heureuse, si je
« n'étais pas malade. Je voudrais pouvoir as-
« sister au couronnement; mais je ne sais si je

« pourrai : j'essayerai. » Le jour venu, le malade se lève à cinq heures, tire son habit noir, se rase, etc., etc., et me dit : « Vous voyez, je fais beaucoup, je ne sais encore si je pourrai. » Enfin, à l'heure de la cérémonie, il fit un grand effort et parvint à grand'peine à descendre. Mais dix jours après, à la fête de saint Pierre, les mêmes préparatifs, les mêmes efforts n'aboutirent à aucun résultat. « Vous voyez bien, dit « le malade, je suis toujours mon prisonnier. « Ce n'est pas le désir, qui me manque, puisque « je me prépare depuis trois heures ; me voici « habillé, rasé et ganté, et voilà que je ne peux « plus sortir d'ici. » En effet, il lui fut impossible de venir à la cérémonie. J'avais beaucoup insisté, mais je n'ai pas cru devoir le forcer.

« Je terminerai cette observation déjà bien longue par une remarque : c'est que les mouvements instinctifs, de la nature de ceux qui échappent à la volonté proprement dite, n'étaient pas entravés chez notre malade comme ceux qu'on peut appeler ordonnés. C'est ainsi qu'en arrivant à Lyon, au retour, notre malle-poste passa par-dessus une femme que les chevaux avaient renversée. Mon malade recouvra toute son énergie et, sans attendre que la voiture fût arrêtée, rejeta son manteau, ouvrit la portière et se trouva le premier descendu près de cette femme. »

L'auteur ajoute que le voyage n'eut pas l'efficacité qu'il supposait ; que le malade se trouvait mieux cependant en voiture, surtout quand elle était dure et la route mauvaise, qu'enfin le malade rentra dans sa famille, à peu près dans le même état [1].

Les cas précités représentent un groupe bien tranché. Il en ressort quelques faits très nets et quelques inductions très probables.

Voyons d'abord les faits :

1° Le système musculaire et les organes du mouvement sont intacts. De ce côté, nul empêchement. L'activité automatique, celle qui constitue la routine ordinaire de la vie, persiste.

2° L'intelligence est parfaite ; rien, du moins, n'autorise à dire qu'elle ait subi le moindre affaiblissement. Le but est nettement conçu, les moyens de même, mais le passage à l'acte est impossible.

Nous avons donc ici une maladie de la volonté, au sens le plus rigoureux. Remarquons en passant que la maladie fait pour nous une expérience curieuse. Elle crée des conditions exceptionnelles, irréalisables par tout autre moyen : elle scinde l'homme, annihile la réaction individuelle, respecte le reste ; elle nous

1. Billod, *Annales médico-psychologiques*, tome X, p. 172 et suivantes. L'auteur cite plusieurs autres faits d'un caractère beaucoup moins net, que nous ne rapporterons pas (V. p. 184 et 319 sq.).

produit, dans la mesure du possible, un être réduit à l'intelligence pure.

D'où vient cette impuissance de la volonté ? Ici commencent les inductions. Il n'y a que deux hypothèses possibles sur sa cause immédiate : elle consiste en un affaiblissement ou bien des centres moteurs ou bien des incitations qu'ils reçoivent.

La première hypothèse n'a, en sa faveur, aucune raison valable [1]. Du moins, on en sait trop peu sur ce point, même pour conjecturer.

Reste la seconde. L'expérience la justifie. Esquirol nous a conservé la réponse remarquable que lui fit un malade après sa guérison. « Ce manque d'activité venait de ce que mes sensations étaient trop faibles pour exercer une influence sur ma volonté. » Le même auteur a aussi noté le changement profond que ces malades éprouvent dans le sentiment général de la vie. « Mon existence, lui écrit l'un d'eux, est incomplète ; les fonctions, les actes de la vie ordinaire me sont restés ; mais dans chacun d'eux il manque quelque chose, à savoir *la sensation qui leur est propre et la joie qui leur succède....* Chacun de mes sens, chaque partie de moi-même est pour ainsi dire séparée de

---

1. Remarquons qu'il s'agit de l'état non des organes moteurs mais des *centres*, quelque opinion qu'on ait d'ailleurs sur leur nature et leur localisation.

moi et ne peut plus me procurer aucune sensation. » Un psychologue exprimerait-il mieux à quel point la vie affective est atteinte, dans ce qu'elle a de plus général ? — Billod rapporte le cas d'une jeune Italienne « d'une éducation brillante », qui devint folle par chagrin d'amour, guérit, mais pour tomber dans une apathie profonde pour toute chose. « Elle raisonne sainement sur tous les sujets ; mais elle n'a plus de volonté propre, ni de force de vouloir, ni d'amour, ni de conscience de ce qui lui arrive, de ce qu'elle sent ou de ce qu'elle fait.... Elle assure qu'elle se trouve dans l'état d'une personne qui n'est ni morte ni vivante, qui vivrait dans un sommeil continuel, à qui les objets apparaissent comme enveloppés d'un nuage, à qui les personnes semblent se mouvoir comme des ombres et les paroles venir d'un monde lointain [1]. »

Si, comme nous le verrons longuement plus tard, l'acte volontaire est composé de deux éléments bien distincts : un état de conscience totalement impuissant à faire agir ou à empêcher, et des états organiques qui seuls ont ce pouvoir; il faut admettre que les deux événements, d'ordinaire simultanés parce qu'ils sont les effets d'une même cause, sont ici dissociés. L'impuissance à agir est un fait. L'in

---

[1] Billod, *Annales médico-psychologiques, loc. cit.*, p. 184.

tensité de l'état de conscience (qui, en tout
cas, est intermittente) est-elle un fait? Alors il
faudrait admettre que les conditions nécessaires
et suffisantes se rencontrent, mais pour cet
événement seul. Est-elle une illusion? J'incline
à le supposer. L'ardente envie d'agir que quelques-uns de ces malades croient éprouver me
paraît une simple illusion de leur conscience.
L'intensité d'un désir est une chose toute relative. Dans cet état d'apathie générale, telle
impulsion qui leur paraît vive est en fait au-
dessous de l'intensité moyenne : d'où l'inaction. En étudiant l'état de la volonté dans le
somnambulisme, nous verrons plus tard que
certains sujets sont persuadés qu'il ne tien-
drait qu'à eux d'agir, mais que l'expérience les
oblige finalement à avouer qu'ils ont tort et
que leur conscience les trompe complètement[1].

Au contraire, quand une excitation est très violente, brusque, inattendue, c'est-à-dire qu'elle
réunit toutes les conditions d'intensité, le plus
souvent elle agit. Nous avons vu plus haut un
malade retrouver son énergie pour sauver une
femme écrasée[2].

Chacun de nous peut d'ailleurs se représenter
cet état d'aboulie; car il n'est personne qui

1. Voir ci-après, chapitre V.
2. J'ai appris par M. Billod que ce malade recouvra son activité
à la suite des journées de juin 1848 et de l'émotion qu'elles lui
causèrent.

n'ait traversé des heures d'affaissement où
toutes les incitations, extérieures et intérieures,
sensations et idées, restent sans action, nous
laissent froids. C'est l'ébauche de l' « aboulie ».
Il n'y a qu'une différence du plus au moins et
d'une situation passagère à un état chronique.

Si ces malades ne peuvent vouloir, c'est que
tous les projets qu'ils conçoivent n'éveillent en
eux que des désirs faibles, insuffisants pour les
pousser à l'action. Je m'exprime ainsi pour
me conformer à la langue courante; car ce
n'est pas la faiblesse des désirs, à titre de simples états psychiques, qui entraîne l'inaction.
C'est là raisonner sur des apparences. Comme
nous l'avons montré précédemment, tout état
du système nerveux, correspondant à une sensation ou à une idée, se traduit d'autant mieux
en mouvement qu'il est accompagné de ces
autres états nerveux, quels qu'ils soient, qui correspondent à des sentiments. C'est de la faiblesse de ces états que résulte l'aboulie, non de
la faiblesse des désirs, qui n'est qu'un signe.

La cause est donc une insensibilité relative,
un affaiblissement général de la sensibilité; ce
qui est atteint, c'est la vie affective, la possibilité d'être ému. Cet état morbide lui-même,
d'où vient-il? C'est un problème d'un ordre surtout physiologique. A n'en pas douter, il y a
chez ces malades une dépression notable des

actions vitales. Elle peut atteindre un degré tel que toutes les facultés soient atteintes et que l'individu devienne une chose inerte. C'est l'état que les médecins désignent sous les noms de mélancolie, lypémanie, stupeur, dont les symptômes physiques sont le ralentissement de la circulation, l'abaissement de la température du corps, l'immobilité presque complète. Ces cas extrêmes sortent de notre sujet; mais ils nous révèlent les causes dernières des impuissances de la volonté. Toute dépression dans le *tonus* vital, légère ou profonde, fugitive ou durable, a son effet. La volonté ressemble si peu à une faculté régnant en maîtresse qu'elle dépend à chaque moment des causes les plus chétives et les plus cachées : elle est à leur merci. Et cependant, comme elle a sa source dans les actions biologiques qui s'accomplissent dans l'intimité la plus profonde de nos tissus, on voit combien il est vrai de dire qu'elle est nous-mêmes.

II

Le deuxième groupe ressemble au premier par les effets (affaiblissement de la volonté), par les causes (influences dépressives). La seule différence, c'est que l'incitation à agir n'est pas éteinte. Le premier groupe présente des causes positives d'inaction, le deuxième groupe des

causes négatives. L'arrêt résulte d'un antagonisme.

Dans toutes les observations qui vont suivre,
l'affaiblissement volontaire vient d'un sentiment
de crainte, sans motif raisonnable, qui varie de
la simple anxiété à l'angoisse et à la terreur qui
stupéfie. L'intelligence paraît intacte dans certains cas, affaiblie dans d'autres. Aussi quelques-uns de ces cas sont d'un caractère indécis,
et il est difficile de dire s'ils dénotent une maladie de la volonté seule [1].

L'observation suivante fait la transition d'un
groupe à l'autre : à vrai dire, elle appartient
aux deux.

Un homme, à l'âge de trente ans, se trouve
mêlé à des émeutes qui lui causent une grande
frayeur. Depuis, quoiqu'il ait conservé sa parfaite lucidité d'esprit, qu'il gère très bien sa
fortune et dirige un commerce important, « il
ne peut rester seul ni dans une rue ni dans sa
chambre; il est toujours accompagné. Lorsqu'il
est hors de chez lui, il lui serait impossible de
rentrer seul à son domicile. S'il sort seul, ce
qui est très rare, il s'arrête bientôt au milieu de
la rue et y resterait indéfiniment sans aller ni

1. Il est bon de faire remarquer une fois pour toutes que,
n'étudiant ici que les désordres exclusivement propres à la
volonté, nous avons dû éliminer les cas où l'activité psychique
est atteinte dans sa totalité et ceux où les désordres de la
volonté ne sont que l'effet et la traduction du délire intellectuel.

en avant ni en arrière, si on ne le ramenait. Il paraît avoir une volonté, mais c'est celle des gens qui l'entourent. Lorsqu'on veut vaincre cette résistance du malade, il tombe en syncope [1]. »

Plusieurs aliénistes ont décrit récemment sous les noms de peur des espaces, peur des places (*Platzangst*), agoraphobie, une anxiété bizarre qui paralyse la volonté et contre laquelle l'individu est impuissant à réagir ou n'y parvient que par des moyens détournés.

Une observation de Westphal peut servir de type. Un voyageur robuste, parfaitement sain d'esprit et ne présentant aucun trouble de la motilité, se trouve saisi d'un sentiment d'angoisse à la vue d'une place ou d'un espace quelque peu étendu. S'il doit traverser une des grandes places de Berlin, il a le sentiment que cette distance est de plusieurs milles et que jamais il ne pourra atteindre l'autre côté. Cette angoisse diminue ou disparaît s'il tourne la place en suivant les maisons, s'il est accompagné, ou même simplement s'il s'appuie sur une canne.

Carpenter rapporte d'après Bennett [2] une « paralysie de la volonté » qui me paraît du même ordre. « Lorsqu'un certain homme se prome-

---

1. Billod, *loc. cit.*, p. 191.
2. *Loc. cit.*, p. 385.

nait dans la rue et qu'il arrivait à quelque point d'interruption dans la rangée des maisons, il ne pouvait plus avancer; sa volonté devenait soudainement inactive. La rencontre d'une place l'arrêtait infailliblement. Traverser une rue était aussi chose fort difficile, et, lorsqu'il passait le seuil d'une porte pour entrer ou sortir, il était toujours arrêté pendant quelques minutes. »

D'autres, en pleine campagne, ne se sentent à l'aise qu'en marchant le long des taillis ou à l'abri des arbres. On pourrait multiplier les exemples, mais sans profit, car le fait fondamental reste le même [1].

Les discussions médicales sur cette forme morbide n'importent pas ici. Le fait psychologique se réduit à un sentiment de crainte, comme il s'en rencontre tant d'autres, et il est indifférent que ce sentiment soit puéril et chimérique quant à ses causes; nous n'avons à constater que son effet, qui est d'entraver la volition. Mais nous devons nous demander si cette influence dépressive arrête seule l'impulsion volontaire, intacte par elle-même, ou si le pouvoir de réaction individuelle, lui aussi, est

1. Pour plus de détails, voir : Westphal, *Archiv für Psychiatrie*, tome III (deux articles); Cordes, *Ibid.*; Legrand du Saulle, *Annales médico-psychologiques*, p. 405, 1876, avec discussion sur ce sujet; Ritti, *Dictionnaire encyclopédique des sciences médicales*, art. FOLIE AVEC CONSCIENCE; Maudsley. *Pathologie de l'esprit*, trad., p. 339 et suiv.

affaibli. La deuxième hypothèse s'impose; car,
le sentiment de la peur n'étant pas insurmon-
table (ces malades le prouvent dans certains
cas), il faut bien admettre que la puissance de
réaction de l'individu est tombée au-dessous du
niveau commun; en sorte que l'arrêt résulte de
deux causes qui agissent dans le même sens.

.On ignore malheureusement les conditions
physiologiques de cet affaiblissement. Beaucoup
de conjectures ont été faites. Cordes, atteint lui-
même de cette infirmité, la considère « comme
une paralysie fonctionnelle, symptomatique de
certaines modifications des foyers centraux moteurs et capable de faire naître en nous des
impressions. Dans l'espèce, ce serait une impression de peur qui donnerait naissance à la
paralysie passagère : effet presque nul si l'imagination seule entre en jeu, mais porté au plus
haut degré par l'adjonction des circonstances
environnantes. » La cause primitive serait donc
« un épuisement parésique du système nerveux moteur, de cette portion du cerveau qui
préside non seulement à la locomotion, mais
aussi à la sensibilité musculaire. »

Cette explication, si elle était bien établie,
serait pour notre sujet d'une grande importance. Elle montrerait que l'impuissance de la
volonté dépend d'une impuissance des centres
moteurs, ce qui aurait l'avantage de donner à

nos recherches une base physiologique assurée. Mais il serait prématuré de tirer ici des conclusions qui seront mieux placées à la fin de notre travail.

Je ne parlerai pas longuement de l'état mental appelé folie du doute ou manie de fouiller (*Grübelsucht*). Il représente la forme pathologique du caractère irrésolu, tout comme l'aboulie est celle du caractère apathique. C'est un état d'hésitation constante pour les motifs les plus vains, avec impuissance d'arriver à un résultat définitif.

L'hésitation existe d'abord dans l'ordre purement intellectuel. Ce sont des interrogations sans fin que le malade s'adresse. J'emprunte un exemple à Legrand du Saulle. « Une femme fort intelligente ne peut sortir dans la rue sans se demander : Va-t-il tomber d'une fenêtre quelqu'un à mes pieds? Sera-ce un homme ou une femme? Cette personne se blessera-t-elle ou se tuera-t-elle? Si elle se blesse, sera-ce à la tête ou aux jambes? Y aura-t-il du sang sur le trottoir? Si elle se tue, comment le saurai-je? Devrai-je appeler du secours, ou m'enfuir, ou réciter une prière? M'accusera-t-on d'être la cause de cet événement? Mon innocence sera-t-elle reconnue? etc. » Ces interrogations continuent sans fin, et il existe un grand nombre de

cas analogues, consignés dans des études spé-
ciales [1].

Si tout se bornait à cette « rumination psychologique », comme s'exprime l'auteur cité,
nous n'aurions rien à en dire; mais cette per-
plexité morbide de l'intelligence se traduit dans
les actes. Le malade n'ose plus rien faire sans
des précautions sans fin. S'il écrit une lettre, il
la relit plusieurs fois, craignant d'avoir oublié
un mot ou d'avoir péché contre l'orthographe.
S'il ferme un meuble, il vérifie à plusieurs re-
prises le succès de son opération. De même
pour son appartement : vérification répétée de
la fermeture, de la présence de la clef dans sa
poche, de l'état de sa poche, etc.

Sous une forme plus grave, le malade, poursuivi d'une crainte puérile de la malpropreté
ou d'un contact malsain, n'ose plus toucher les
pièces de monnaie, les boutons de porte, etc. [2],
l'espagnolette des fenêtres, et vit dans des appréhensions perpétuelles. Tel ce suisse de ca-
thédrale dont parle Morel qui, depuis vingt-cinq
ans tourmenté de craintes absurdes, n'ose toucher à sa hallebarde, se raisonne, s'invective

---

1. Consulter en particulier : Legrand du Saulle, *La folie du
doute avec délire du toucher*, 1875; Griesinger, *Archiv für Psychiatrie*, 1869 ; Berger, *Ibid.*, 1876 ; Ritti, *Dictionn. encyclop.*,
loc. cit.

2. On trouvera sur ce point des faits curieux, et en grand
nombre, dans Legrand du Saulle, *ouv. cité*, et Baillarger, *Annales
médico-psychologiques*, 1866, p. 93.

et triomphe de lui-même, mais par un sacrifice qu'il appréhende de ne pouvoir faire le lendemain [1].

Cette maladie de la volonté résulte en partie de la faiblesse du caractère, en partie de l'état intellectuel. Il est bien naturel que ce flux d'idées vaines se traduise par des actes vains, non adaptés à la réalité; mais l'impuissance de la réaction individuelle joue un grand rôle. Aussi trouvons-nous un abaissement du ton vital. Ce qui le prouve, ce sont les causes de cet état morbide (névropathies héréditaires, maladies débilitantes); ce sont les crises et la syncope que l'effort pour agir peut amener; ce sont les formes extrêmes de la maladie où ces malheureux, dévorés par des hésitations sans trêve, n'écrivent plus, n'écoutent plus, ne parlent plus, « mais se parlent à eux-mêmes à demi-voix, puis à voix basse, et quelques-uns finissent par remuer simplement les lèvres, exprimant leurs idées par une sorte de mussitation. »

Pour terminer, notons les cas où l'affaiblissement de la volonté confine à l'anéantissement. Lorsqu'un état de conscience permanent et qui s'impose, est accompagné d'un sentiment de terreur intense, il se produit un arrêt presque absolu, et le malade paraît stupide, sans

1. *Archives générales de médecine*, 1866.

l'être. Tel est ce cas rapporté par Esquirol d'un
jeune homme qui paraissait idiot, qu'il fallait
habiller, coucher, nourrir et qui, après sa guérison, avoua qu'une voix intérieure lui disait :
« Ne bouge pas ou tu es mort [1]. »

Guislain rapporte aussi un fait curieux, mais
où l'absence de documents psychologiques laisse
dans l'embarras et ne permettrait qu'une interprétation équivoque. « Une demoiselle, cour-
tisée par un jeune homme, fut atteinte d'une
aliénation mentale dont on ignorait la vraie
cause et dont le trait distinctif était une forte
opposition de caractère qui ne tarda pas à se
transformer en un mutisme morbide. Pendant
douze années, elle ne répondit que deux fois
aux questions : la première fois, sous l'influence des paroles impératives de son père; la
seconde, à son entrée dans notre établissement.
Dans les deux cas, elle fut d'un laconisme
étrange, surprenant. »

Pendant deux mois, Guislain se livra à des
tentatives répétées pour amener la guérison.
« Mes efforts furent vains et mes exhortations
sans effet. Je persistai, et je ne tardai pas à
constater un changement dans les traits, une
expression plus intelligente des yeux; un peu
plus tard, mais de temps à autre, des phrases,

---

1. Esquirol, tome II, p. 287.

des explications nettes, catégoriques, interrom-
pues par de longs intervalles de silence; car la
malade montrait une répugnance extrême à
céder à mes instances..... On pouvait voir que
chaque fois son amour-propre était satisfait du
triomphe qu'elle obtenait sur elle-même. Dans
ses réponses, jamais on ne remarqua la moindre idée délirante; son aliénation était exclusivement une maladie de la volonté impulsive.
Souvent une espèce de honte semblait retenir
cette malade, que je commençais à considé-
-rer comme décidément convalescente. Pendant
deux, trois jours, elle cessa de parler, puis,
grâce à de nouvelles sollicitations, la parole lui
revint, jusqu'à ce qu'enfin de son propre mouvement elle prit part aux conversations qui
s'engageaient autour d'elle..... Cette guérison
est une des plus étonnantes que j'aie vues dans
ma vie [1]. » L'auteur ajoute que le rétablisse-
ment fut complet et durable.

Cet état d'inertie morbide dont l'aboulie est
le type, où le « je veux » n'est jamais suivi d'action, montre combien la volition à titre d'état
de conscience et le pouvoir efficace d'agir sont
deux choses distinctes. Sans insister sur ce point
pour le moment, arrêtons-nous à ce fait de l'ef-

1. Guislain, *Ouvrage cité*, tome II, p. 227, 228.

fort, capital dans la psychologie de la volonté, et qui fait défaut ici.

Le sentiment de l'effort *musculaire* a été étudié par M. William James [1] d'une manière si approfondie et si rigoureuse qu'il n'y a pas lieu d'y revenir et qu'il suffit de rappeler brièvement ses conclusions. Ce physiologiste a montré que le sentiment de l'énergie musculaire déployée dans un acte quelconque est « une sensation afférente complexe, qui vient des muscles contractés, des ligaments tendus, des articulations comprimées, de la poitrine fixée, de la glotte fermée, du sourcil froncé, des mâchoires serrées, etc. » Il a discuté pied à pied, en s'appuyant sur l'expérience, l'opinion qui en fait une sensation *efférente*, liée à la décharge motrice, coïncidant avec le courant de *sortie* de l'énergie nerveuse. Il a montré notamment, après Ferrier et d'autres, comment dans les cas de paralysie, si l'on conserve le sentiment de l'effort, bien qu'on ne puisse à aucun degré remuer le membre paralysé, c'est parce que les conditions de la conscience de l'effort continuent d'exister, le malade remuant le membre ou l'organe du côté opposé.

Mais M. James distingue avec raison l'effort musculaire de l'effort *volitionnel*, qui, lui, n'im-

---

1. *The feeling of effort*, in-4°, Boston, 1880.

plique dans beaucoup de cas aucun mouvement immédiat ou rien qu'une énergie musculaire extrêmement faible. Tel est, pour lui emprunter un de ses exemples, le cas de l'homme qui, après une longue hésitation, prend le parti de mettre de l'arsenic dans le verre de sa femme pour l'empoisonner. Tout le monde connaît d'ailleurs par sa propre expérience cet état de lutte où l'effort est tout intérieur. — Ici, nous nous séparons à regret de l'auteur, qui place cet effort dans une région à part, supra-sensible. Pour nous, il ne nous paraît différer de l'autre qu'en un point : ses conditions physiologiques sont mal connues, et l'on ne peut hasarder que des hypothèses.

Il y a deux types de cet effort volitionnel : l'un qui consiste à arrêter les mouvements de l'instinct, de la passion, de l'habitude, l'autre à surmonter la mollesse, la torpeur, la timidité; l'un est un effort à résultat négatif, l'autre un effort à résultat positif; l'un produit un arrêt, l'autre une impulsion. Ces deux types peuvent eux-mêmes se ramener à une formule unique : il y a effort quand la volition suit la ligne de la plus grande résistance. Cet effort volitionnel n'a jamais lieu quand l'impulsion (ou l'arrêt) et le choix coïncident, quand nos tendances naturelles et le « je veux » vont dans le même sens; en termes plus clairs, quand ce qui est *immé-*

diatement agréable à l'individu et ce qui est choisi par lui ne font qu'un. Il a toujours lieu quand deux groupes de tendances antagonistes luttent pour se supplanter réciproquement. En fait, tout le monde le sait, cette lutte a lieu entre les tendances inférieures, dont l'adaptation est bornée, et les tendances supérieures, dont l'adaptation est complexe. Les premières sont toujours les plus fortes par nature; les secondes le sont quelquefois par artifice. Les unes représentent une puissance enregistrée dans l'organisme, les autres une acquisition de fraîche date.

Comment donc celles-ci peuvent-elles triompher parfois? C'est que le « je veux » est un appoint en leur faveur. Non, bien entendu, à titre de simple état de conscience, mais parce que sous cette volition, qui est un effet, il y a des causes connues, demi connues et inconnues, que nous avons si souvent résumées d'un mot : le caractère individuel. Toutes ces petites causes agissantes, qui résument l'individu physique et psychique, ne sont pas des abstractions. Ce sont des processus physiologiques ou psychophysiologiques : ils supposent un travail dans les centres nerveux, quels qu'ils soient. Est-il téméraire de soutenir que le sentiment de l'effort volitionnel est, lui aussi, un effet de ces processus physiologiques? On ne peut nous objecter que l'impuissance actuelle d'en déterminer le mécanisme. Ce point est d'autant plus obscur que le mécanisme doit différer suivant qu'il s'agit de produire une impulsion ou un arrêt : aussi le sentiment de l'effort volitionnel n'est pas identique dans les deux cas.

La lutte intérieure est accompagnée d'un sentiment de fatigue souvent intense. Quoiqu'on n'en sache pas bien long sur la nature et les causes de cet état, on admet en général que, même dans l'effort musculaire, le siège de la fatigue est dans les centres nerveux qui ordonnent la contraction, non dans les muscles; qu'il y a un épuisement nerveux, non un épuisement musculaire. Dans les contractions réflexes, il n'y a pas de fatigue perçue. Chez les hystériques, on voit des contractures persister presque indéfiniment, sans que le patient éprouve le moindre sentiment de lassitude; c'est donc l'effort volontaire qui fatigue et non le raccourcissement du muscle [1].

Sauf notre ignorance, nous n'avons donc aucune raison d'attribuer à l'effort volitionnel un caractère à part. Dans tous les cas où cet effort doit se produire, les éléments nerveux sont-ils capables de fournir un surcroît de travail pendant une période donnée? ou bien, par

---

1. Richet, *Physiologie des nerfs et des muscles*, p. 477-490. — Delbœuf, *Étude psychophysique*, p. 92 et suiv. dans les *Éléments de psychophysique*, t. I.

nature, par défaut d'éducation et d'exercice, sont-ils vite épuisés et incapables de recouvrer de nouvelles forces? Ont-ils, oui ou non, une quantité suffisante de force disponible emmagasinée en eux? Le problème de l'action dans le sens de la plus grande résistance est réduit là à ses derniers termes. C'est ce travail caché, presque inconnu, qui se traduit par le sentiment de l'effort volitionnel. Le sentiment de l'effort sous toutes ses formes est donc un état subjectif qui correspond à certains événements accomplis dans les centres nerveux et d'autres parties de l'organisme, mais qui leur ressemblent aussi peu que les sensations de son et de lumière ressemblent à leur cause objective. Pour être capable de grands efforts musculaires, il faut que les centres nerveux adaptés soient en état de produire un travail considérable et prolongé : ce qui dépend de leur nature et de leur rapidité à réparer les pertes. Pour produire un grand effort moral ou intellectuel, il faut de même que les centres nerveux adaptés (quels qu'ils soient, et notre ignorance à cet égard est à peu près complète) soient en état de produire un travail intense et répété, au lieu de s'épuiser à bref délai et sans retour. La possibilité de l'effort est donc, en dernière analyse, un don naturel.

Prenons, pour être moins vague, l'exemple vulgaire d'un homme vicieux. Si jamais dans sa vie, de lui-même ou sous l'influence des autres, il n'a éprouvé quelque velléité de conversion (en supposant que ce cas se rencontre), c'est que les éléments moraux avec les conditions physiologiques correspondantes lui font complètement défaut. Si dans une circonstance quelconque l'idée de se corriger surgit en lui, remarquons d'abord que cet événement est involontaire; mais il suppose la préexistence et la mise en activité de certains éléments psychophysiologiques. Ce but est-il choisi, affirmé comme devant être, voulu; si la résolution ne dure pas, c'est que l'individu est incapable d'effort, c'est qu'il n'y a pas dans son organisation la possibilité du travail répété dont nous avons parlé; si elle dure, c'est qu'elle est maintenue à force d'effort, par ce travail intérieur qui produit l'arrêt des états contraires. Tout organe se développe par l'exercice; ici de même, en sorte que la répétition devient plus facile. Mais si un premier élément n'est pas donné par la nature et avec lui une énergie potentielle, rien n'aboutit. Le dogme théologique de la grâce, à titre de don gratuit, nous paraît donc fondé sur une psychologie bien plus exacte que l'opinion contraire [1], et l'on voit combien il

---

1. La doctrine de la grâce se rencontre déjà chez les Hindous, notamment dans la *Bhagavad-Gîtâ*, XI, 53. Voir Barth, *Les religions de l'Inde*, p. 48 et 136.

est facile de lui faire subir une transformation physiologique.

Pour en revenir aux cas morbides qui nous occupent, il y aurait une impossibilité d'effort, temporaire, accidentelle, mais qui s'étend à l'organisation presque entière.

CHAPITRE II

II. — L'excès d'impulsion.

I

Nous venons de voir des cas où l'adaptation intellectuelle, c'est-à-dire la correspondance entre l'être intelligent et le milieu, étant normale, l'impulsion à agir est nulle, très faible, ou du moins insuffisante. En termes physiologiques, les actions cérébrales qui sont la base de l'activité intellectuelle (conception d'un but et des moyens, choix, etc.) restent intactes, mais il leur manque ces états concomitants qui sont les équivalents physiologiques des sentiments et dont l'absence entraîne le défaut d'action.

Nous allons voir des cas contraires aux précédents, à certains égards. L'adaptation intellec-

tuelle est très faible, du moins très instable ;
les motifs raisonnables sont sans force pour agir
ou empêcher ; les impulsions d'ordre inférieur
gagnent tout ce que les impulsions d'ordre supérieur perdent. La volonté, c'est-à-dire l'activité raisonnable, disparaît, et l'individu retombe
au règne des instincts. Il n'y a pas d'exemples
qui puissent mieux nous montrer que la volonté, au sens exact, est le couronnement, le
dernier terme d'une évolution, le résultat d'un
grand nombre de tendances disciplinées suivant
un ordre hiérarchique ; qu'elle est l'espèce la
plus parfaite de ce genre qui s'appelle l'activité ;
en sorte que l'étude qui va suivre pourrait s'in-
tituler : Comment s'appauvrit et se défait la
volonté.

Examinons les faits. Nous les diviserons en
deux groupes : 1° ceux qui, étant à peine conscients (si même ils le sont), dénotent une
absence plutôt qu'un affaiblissement de la volonté ; 2° ceux qui sont accompagnés d'une
pleine conscience, mais où, après une lutte
plus ou moins longue, la volonté succombe ou
ne se sauve que par un secours étranger.

I. Dans le premier cas, « l'impulsion peut
être subite, inconsciente, suivie d'une exécution immédiate, sans même que l'entendement
ait eu le temps d'en prendre connaissance...

L'acte a alors tous les caractères d'un phénomène purement réflexe qui se produit fatale-
ment, sans connivence aucune de la volonté ;
c'est une vraie convulsion qui ne diffère de la
convulsion ordinaire que parce qu'elle consiste
en mouvements associés et combinés en vue
d'un résultat déterminé. Tel est le cas de cette
femme qui, assise sur le banc d'un jardin, dans
un état inusité de tristesse sans motif, se lève
tout à coup, se jette dans un fossé plein d'eau
comme pour se noyer, et qui, sauvée et revenue
à une lucidité parfaite, déclare, au bout de
quelques jours, qu'elle n'a aucune conscience
d'avoir voulu se suicider, ni aucun souvenir de
la tentative qu'elle a commise ,. »

« J'ai vu, dit Luys, un certain nombre de
malades ayant fait des tentatives réitérées de
suicide, en présence de gens qui les guettaient
et qui n'en gardaient aucun souvenir dans
leur phase de lucidité... Et ce qui met en lumière l'inconscience de l'esprit dans ces conditions, c'est que les malades ne s'aperçoivent
pas de l'insuffisance des procédés qu'ils em-
ploient. Ainsi, une dame qui faisait des tentatives de suicide toutes les fois qu'elle voyait un
couteau de table, ne s'est pas aperçue qu'un
jour où je l'épiais j'avais substitué à ce couteau

---

1. Foville, *Nouveau dictionnaire de médecine*, art. FOLIE, p. 342

un instrument inoffensif. Un autre malade tenta
de se pendre à l'aide de corde à moitié pourrie,
incapable de supporter une faible traction [1]. »

Chez les épileptiques, les impulsions de ce
genre sont si fréquentes qu'on en remplirait
des pages. Les hystériques en fourniraient aussi
d'innombrables exemples : elles ont une tendance effrénée à la satisfaction immédiate de
leurs caprices ou de leurs besoins.

D'autres impulsions ont des effets moins graves, mais dénotent le même état psychique.
« Chez certains malades, la surexcitation des
forces motrices est telle, qu'ils marchent des
heures entières sans s'arrêter, sans regarder
autour d'eux, comme des appareils mécaniques
que l'on a montés. » — Une marquise d'un esprit très distingué, dit Billod, au milieu d'une
conversation « coupe une phrase, qu'elle reprend ensuite pour adresser à quelqu'un de la
société une épithète inconvenante ou obscène.
L'émission de cette parole est accompagnée de
rougeur, d'un air interdit et confus, et le mot
est dit d'un ton saccadé, comme une flèche qui
s'échappe. » Une ancienne hystérique, très
intelligente et très lucide, éprouve à certains
moments le besoin d'aller vociférer dans un
endroit solitaire ; elle exhale ses doléances, ses

---

1. *Maladies mentales*, p. 373, 439, 440.

récriminations contre sa famille et son entourage. Elle sait parfaitement qu'elle a tort de divulguer tout haut certains secrets ; mais, comme elle le répète, il faut qu'elle parle et satisfasse ses rancunes [1]. »

Ce dernier cas nous achemine aux impulsions irrésistibles avec conscience. Pour nous en tenir aux autres, que nous pourrions multiplier à profusion, ils nous montrent l'individu réduit au plus bas degré de l'activité, celui des purs réflexes. Les actes sont inconscients (non délibérés au moins), immédiats, irrésistibles, d'une adaptation peu complexe et invariable. Au point de vue de la physiologie et de la psychologie, l'être humain, dans ces conditions, est comparable à un animal décapité ou tout au moins privé de ses lobes cérébraux. On admet généralement que le cerveau peut dominer les réflexes pour la raison suivante : l'excitation, partant d'un point du corps, se divise à son arrivée dans la moelle et suit deux voies ; elle est transmise au centre réflexe par voie transversale ; au cerveau par voie longitudinale et ascendante. La voie transversale, offrant plus de résistance, la transmission en ce sens exige une assez longue durée (expérience de Rosenthal) ; la transmission en longueur est au con-

---

1. Luys, *loc. cit.*, 167 et 212. Billod, *loc. cit.*, 193 et suiv.

traire beaucoup plus rapide. L'action suspensive du cerveau a donc le temps de se produire et de modérer les réflexes. Dans les cas précités, le cerveau étant sans action, l'activité en reste à son degré inférieur, et, faute de ses conditions nécessaires et suffisantes, la volition ne se produit pas.

II. Les faits du second groupe méritent d'être plus longuement étudiés : ils mettent en lumière la défaite de la volonté ou les moyens artificiels qui la maintiennent. Ici, le malade a pleine conscience de sa situation ; il sent qu'il n'est plus maître de lui-même, qu'il est dominé par une force intérieure, invinciblement poussé à commettre des actes qu'il réprouve. L'intelligence reste suffisamment saine, le délire n'existe que dans les actes.

On trouvera dans un livre de Marc, aujourd'hui un peu oublié [1], un ample recueil des faits où les écrivains postérieurs ont souvent puisé. Citons-en quelques-uns.

Une dame, prise parfois d'impulsions homicides, demandait à être maintenue à l'aide d'une camisole de force et annonçait ensuite le moment où tout danger était passé et où elle pouvait reprendre la liberté de ses mouve-

1. *De la folie considérée dans ses rapports avec les questions médico-judiciaires*, 2 vol. in-8°. Paris, 1840.

ments. — Un chimiste, tourmenté de même par des désirs homicides, se faisait attacher les deux pouces avec un ruban et trouvait dans ce simple obstacle le moyen de résister à la tentation. — Une domestique d'une conduite irréprochable supplie sa maîtresse de la laisser partir, parce que, en voyant nu l'enfant qu'elle soigne, elle est dévorée du désir de l'éventrer.

Une autre femme, d'une grande culture intellectuelle et pleine d'affection pour ses parents, « se met à les frapper malgré elle et demande qu'on vienne à son aide en la fixant dans un fauteuil. »

Un mélancolique tourmenté d'idée de suicide se leva la nuit, alla frapper à la porte de son frère et lui cria : « Venez vite, le suicide me poursuit, bientôt je ne résisterai plus [1]. »

Calmeil, dans son *Traité des maladies inflammatoires du cerveau*, rapporte le cas suivant, dont il a été témoin, et que je rapporterai tout au long parce qu'il me dispensera de beaucoup d'autres :

« Glénadel, ayant perdu son père dès son enfance, fut élevé par sa mère, qui l'adorait. A seize ans, son caractère, jusque-là sage et soumis, changea. Il devint sombre et taciturne. Pressé de questions par sa mère, il se décida

1. Guislain, *Ouvrage cité*, I, 479.

enfin à un aveu : — Je vous dois tout, lui dit-il, je vous aime de toute mon âme; cependant depuis quelques jours une idée incessante me pousse à vous tuer. Empêchez que, vaincu à la fin, un si grand malheur ne s'accomplisse; permettez-moi de m'engager. — Malgré des sollicitations pressantes, il fut inébranlable dans sa résolution, partit et fut bon soldat. Cependant une volonté secrète le poussait sans cesse à déserter pour revenir au pays tuer sa mère. Au terme de son engagement, l'idée était aussi forte que le premier jour. Il contracta un nouvel engagement. L'instinct homicide persistait, mais en acceptant la substitution d'une autre victime. Il ne songe plus à tuer sa mère, l'affreuse impulsion lui désigne nuit et jour sa belle-sœur. Pour résister à cette seconde impulsion, il se condamne à un exil perpétuel.

« Sur ces entrefaites, un compatriote arrive à son régiment. Glénadel lui confie sa peine : — Rassure-toi, lui dit l'autre, le crime est impossible, ta belle-sœur vient de mourir. A ces mots, Glénadel se lève comme un captif délivré; une joie le pénètre; il part pour son pays, qu'il n'avait pas revu depuis son enfance. En arrivant, il aperçoit sa belle-sœur vivante. Il pousse un cri, et l'impulsion terrible le ressaisit à l'instant comme une proie.

« Le soir même, il se fait attacher par son

frère. — Prends une corde solide, attache-moi comme un loup dans la grange et va prévenir M. Calmeil..... » Il obtint de lui son admission dans un asile d'aliénés. La veille de son entrée, il écrivait au directeur de l'établissement : « Monsieur, je vais entrer dans votre maison. Je m'y conduirai comme au régiment. On me croira guéri ; par moments peut-être, je feindrai de l'être. Ne me croyez jamais ; je ne dois plus sortir, sous aucun prétexte. Quand je solliciterai mon élargissement, redoublez de surveillance : je n'userais de cette liberté que pour commettre un crime qui me fait horreur. »

Il ne faut pas croire que cet exemple soit unique ni même rare, et l'on trouve chez les aliénistes plusieurs cas d'individus qui, tourmentés du besoin de tuer des gens qui leur sont chers, s'enfuient dans un asile pour se constituer prisonniers.

Les impulsions irrésistibles et pourtant conscientes à voler, à incendier, à se détruire par des excès alcooliques, rentrent dans la même catégorie [1]. Maudsley dans sa *Pathologie de l'esprit* (ch. VII, p. 330 et suiv.) a recueilli un si ample choix d'exemples que le mieux est d'y renvoyer le lecteur. J'épargnerai ainsi au lecteur des redites inutiles : il me suffit de

---

1. Voir Trélat, *Folie lucide*. Maudsley, *Le crime et la folie*, en part., p. 186.

lui rappeler quelle masse innombrable de faits soutiennent les considérations qui vont suivre.

II

Il faut d'abord remarquer qu'il y a une transition presque insensible entre l'état sain et ces formes pathologiques. Les gens les plus raisonnables ont le cerveau traversé d'impulsions folles; mais ces états de conscience soudains et insolites restent sans effet, ne passent pas à l'acte, parce que des forces contraires, l'habitude générale de l'esprit, les écrasent; parce que, entre cet état isolé et ses antagonistes, la disproportion est tellement grande. qu'il n'y a pas même lutte.

Dans d'autres cas auxquels on attache d'ordinaire assez peu d'importance, il y a des actes bizarres, « mais qui n'ont rien en eux-mêmes de répréhensible ni de dangereux; ils peuvent constituer une sorte de tic, de lubie, de manie, si l'on veut employer ce dernier mot dans son sens usuel et vulgaire.

« D'autres fois, sans être encore bien compromettants, les actes sont déjà plus graves : ils consistent à détruire, à frapper sans motif un objet inanimé, à déchirer des vêtements. Nous observons en ce moment une jeune femme qui mange toutes ses robes. On cite l'exemple d'un amateur qui, se trouvant dans un musée en face d'un tableau de prix, sent un besoin instinctif d'enfoncer la toile. Bien souvent ces impulsions passent inaperçues et n'ont pour confidente que la conscience qui les éprouve [1]. »

Certaines idées fixes, de nature futile ou déraisonnable, s'imposent à l'esprit, qui les juge absurdes, mais sans pouvoir les empêcher de se traduire en actes. On trouvera dans un travail de Westphal des faits curieux de ce genre. Un homme, par exemple, est poursuivi de cette idée qu'il pourrait confier au papier qu'il est l'auteur d'un crime quelconque et perdre ce papier : en conséquence, il conserve soigneusement tous les papiers qu'il rencontre, en ramasse les découpures dans la rue, s'assure qu'elles ne contiennent rien d'écrit, les emporte chez lui et les collectionne. Il a d'ailleurs pleine conscience de la puérilité de cette idée, qui le harcèle à toute heure; il n'y croit pas, sans pouvoir cependant s'en débarrasser [2].

Entre les actes les plus puérils et les plus

1. Foville, _ouv. cité_, p. 341.

2. Westphal, _Ueber Zwangsvorstellungen_, Berlin, 1877. On peut remarquer que, dans certains cas, la terreur de produire un acte y conduit invinciblement : effets du vertige, gens qui se jettent dans la rue par crainte d'y tomber, qui se blessent de peur de se blesser, etc. Tous ces faits s'expliquent par la nature de la représentation mentale, qui, en raison même de son intensité, passe à l'acte.

dangereux, il n'y a qu'une différence de quantité : ce que les uns donnent en raccourci, les autres le montrent en grossissement. Essayons de comprendre le mécanisme de cette désorganisation de la volonté.

Dans l'état normal, un but est choisi, affirmé, réalisé ; c'est-à-dire que les éléments du moi, en totalité ou en majorité, y concourent : les états de conscience (sentiments, idées, avec leurs tendances motrices), les mouvements de nos membres forment un consensus qui converge vers le but avec plus ou moins d'effort, par un mécanisme complexe, composé à la fois d'impulsions et d'arrêts.

Telle est la volonté sous sa forme achevée, typique ; mais ce n'est pas là un produit naturel. C'est le résultat de l'art, de l'éducation, de l'expérience. C'est un édifice construit lentement, pièce à pièce. L'observation objective et subjective montre que chaque forme de l'activité volontaire est le fruit d'une conquête. La nature ne fournit que les matériaux : quelques mouvements simples dans l'ordre physiologique, quelques associations simples dans l'ordre psychologique. Il faut que, à l'aide de ces adaptations simples et presque invariables, se forment des adaptations de plus en plus complexes et variables. Il faut par exemple que l'enfant acquière son pouvoir sur ses jambes, ses bras et toutes les parties mobiles de son corps, à force de tâtonnements et d'essais, en combinant les mouvements appropriés et en supprimant les mouvements inutiles. Il faut que les groupes simples ainsi formés soient combinés en groupes complexes, ceux-ci en groupes encore plus complexes, et ainsi de suite. Dans l'ordre psychologique, une opération analogue est nécessaire. Rien de complexe ne s'acquiert d'emblée.

Mais il est bien clair que, dans l'édifice ainsi construit peu à peu, les matériaux primitifs sont seuls stables, et qu'à mesure que la complexité augmente la stabilité décroît. Les actions les plus simples sont les plus stables — pour des raisons anatomiques, parce qu'elles sont congénitales, inscrites dans l'organisme; — pour des raisons physiologiques, parce qu'elles sont perpétuellement répétées dans l'expérience de l'individu, et, si l'on veut faire intervenir l'hérédité, qui ouvre un champ illimité, dans les expériences sans nombre de l'espèce et des espèces [1].

1. Le pouvoir volontaire étant constitué lorsqu'à certains états de conscience obéissent certains groupes de mouvements, on peut citer à titre de cas pathologique le fait rapporté par Meschede (*Correspondenz Blatt*, 1874, II) d'un homme qui « se trouvait dans cette singulière condition que, lorsqu'il voulait faire une chose, de lui-même, ou sur l'ordre des autres, lui ou plutôt ses muscles faisaient juste le contraire. Voulait-il regarder à droite, ses yeux se tournaient à gauche, et cette anomalie.

A tout prendre, ce qui est surprenant, c'est que la volonté, l'activité d'ordre complexe et supérieur, puisse devenir dominatrice. Les causes qui l'élèvent et la maintiennent à ce rang sont les mêmes qui chez l'homme élèvent et maintiennent l'intelligence au-dessus des sensations et des instincts : et, à prendre l'humanité en bloc, les faits prouvent que la domination de l'une est aussi précaire que celle de l'autre. Le grand développement de la masse cérébrale chez l'homme civilisé, l'influence de l'éducation et des habitudes qu'elle impose, expliquent comment, malgré tant de chances contraires, l'activité raisonnable reste souvent maîtresse.

Les faits pathologiques qui précèdent montrent bien que la volonté n'est pas une entité régnant par droit de naissance, quoique parfois désobéie, mais une résultante toujours instable, toujours près de se décomposer, et, à vrai dire, un accident heureux. Ces faits, et ils sont innombrables, représentent un état qu'on peut appeler également une dislocation de la volonté et une forme rétrograde de l'activité.

Si nous considérons les cas d'impulsions irré-

s'étendait à tous ses autres mouvements. C'était une simple contre-direction de mouvement sans aucun dérangement mental et qui différait des mouvements involontaires en ceci : qu'il ne produisait jamais un mouvement que quand il le voulait, mais que ce mouvement était toujours le contraire de ce qu'il voulait. »

sistibles avec pleine conscience, nous voyons
que cette subordination hiérarchique des tendances — qui est la volonté — se coupe en deux
tronçons : au consensus qui seul la constitue
s'est substituée une lutte entre deux groupes de
tendances contraires et presque égales, en sorte
qu'on peut dire qu'elle est disloquée [1].

Si nous considérons la volonté non plus
comme un tout constitué, mais comme le point
culminant d'une évolution, nous dirons que les
formes inférieures de l'activité l'emportent, et
que l'activité humaine rétrograde. Remarquons
d'ailleurs que le terme « inférieures » n'implique
aucune préoccupation de morale. C'est une infé-
riorité de nature, parce qu'il est évident qu'une
activité qui se dépense tout entière à satisfaire
une idée fixe ou une impulsion aveugle est par
nature bornée, adaptée seulement au présent et
à un très petit nombre de circonstances, tandis
que l'activité raisonnable dépasse le présent
et est adaptée à un grand nombre de circonstances.

Il faut bien admettre, quoique la langue ne

1. On pourrait montrer, si c'était ici le lieu, combien l'unité du
moi est fragile et sujette à caution. Dans ces cas de lutte, quel
est le vrai moi, celui qui agit ou celui qui résiste? Si l'on ne
choisit pas, il y en a deux. Si l'on choisit, il faut avouer que le
groupe préféré représente le moi au même titre qu'en politique
une faible majorité obtenue à grand'peine représente l'Etat.
Mais ces questions ne peuvent être traitées en passant : j'espère
leur consacrer quelque jour une monographie.

s'y prête pas, que la volonté, comme l'intelligence, a ses idiots et ses génies, avec tous les degrés possibles d'un extrême à l'autre. De ce point de vue, les cas cités dans le premier groupe (impulsions sans conscience) représenteraient l'idiotie de la volonté ou plus exactement sa démence; et les faits du second groupe, certains cas de faiblesse volontaire analogues aux débilités intellectuelles.

Pour poursuivre notre étude, il faut passer de l'analyse des faits à la détermination de leur cause. Est-il possible de dire à quelles conditions est lié cet affaiblissement de l'activité supérieure? Tout d'abord, on doit se demander si sa déchéance est un effet de la prédominance des réflexes, ou si, au contraire, elle en est la cause; en d'autres termes, si l'affaiblissement de la volonté est le fait primitif ou le fait secondaire. Cette question ne comporte pas de réponse générale. L'observation montre que les deux cas se rencontrent; et, par conséquent, on ne peut donner qu'une réponse particulière pour un cas particulier dont les circonstances sont bien connues. Il est indubitable que souvent l'impulsion irrésistible est l'*origo mali;* elle constitue un état pathologique permanent. Il se produit alors, dans l'ordre psychologique, un phénomène analogue à l'hypertrophie d'un organe ou à la prolifération exagérée d'un tissu dans une partie du corps, celle par exemple qui amène la formation de certains cancers. Dans les deux cas, physique et psychique, ce désordre local retentit dans tout l'organisme.

Les cas où l'activité volontaire est atteinte directement, non par contre-coup, sont pour nous les plus intéressants. Que se passe-t-il alors ? est-ce le pouvoir de coordination qui est atteint, où le pouvoir d'arrêt, ou les deux ? Point obscur sur lequel il n'y a que des conjectures à proposer.

Pour chercher quelque lumière, interrogeons deux nouveaux groupes de faits : les affaiblissements artificiels et momentanés par intoxication; les affaiblissements chroniques par lésion cérébrale.

Tout le monde sait que l'ivresse causée par les liqueurs alcooliques, le hachich, l'opium, après une première période de surexcitation, amène un affaiblissement notable de la volonté. L'individu en a plus ou moins conscience; les autres le constatent encore mieux. Bientôt (surtout sous l'influence de l'alcool), les impulsions s'exagèrent. Les extravagances, violences ou crimes commis en cet état sont sans nombre. — Le mécanisme de l'envahissement de l'ivresse est fort discuté. On admet en général qu'il commence par le cerveau, puis agit sur la moelle épinière et le bulbe, et en dernier lieu sur le grand sympathique. Il se produit une obtusion intellectuelle, c'est-à-dire que les états de conscience sont vagues, mal délimités, peu intenses : l'activité physio-psychologique du cerveau a diminué. Cet affaiblissement atteint aussi le pouvoir moteur. Obersteiner a montré par des expériences que, sous l'influence de l'alcool, on réagit moins vite, tout en ayant l'illusion contraire[1]. Ce qui est atteint, ce n'est pas seulement l'idéation, mais l'activité idéo-motrice. En même temps, le pouvoir de coordination devient nul ou éphémère et sans énergie. La coordination consistant à la fois à faire converger certaines impulsions vers un but et à arrêter les impulsions inutiles ou antagonistes, comme les réflexes sont exagérés ou violents, il faut en conclure que le pouvoir d'arrêt (quels qu'en soient la nature et le mécanisme) est lésé, et que son rôle dans la constitution et le maintien de l'activité volontaire est capital.

La pathologie cérébrale fournit d'autres faits à l'appui, plus frappants, parce qu'ils montrent dans l'individu un changement brusque et stable.

---

1. *Brain*, january 1879. Un assez grand nombre d'expériences ont été faites à cet égard, avec des résultats concordants : Exner dans *Pflüger's Archiv.*, 1873, Dietl et Vintschgau : (*Ibid.*, 1877) et un important travail de Kræpelin, fait au laboratoire psychophysique de **Wundt** et publié dans les *Philosophische Studien*, p. 573 et suiv.

Ferrier et d'autres auteurs citent des cas où la lésion des circonvolutions frontales (en particulier la première et la seconde) amène une perte presque totale de la volonté, réduit l'être à l'automatisme, tout au moins à cet état où l'activité instinctive réflexe règne à peu près, seule, sans arrêt possible.

Un enfant est blessé par un couteau au lobe frontal. Dix-sept ans après, on constatait une bonne santé physique, « mais le blessé est incapable d'occupations nécessitant un travail mental. Il est irritable, surtout lorsqu'il a bu ou subi quelque excitation anormale. »

Un malade de Lépine, atteint d'un abcès au lobe frontal droit, « était dans un état d'hébétude. Il semblait comprendre ce qu'on disait, mais on avait peine à lui faire prononcer un mot. Sur un ordre, il s'asseyait ; si on le soulevait, il pouvait faire quelques pas sans assistance. »

Un homme atteint d'un coup violent qui détruisit la plus grande partie de la première et de la deuxième frontales « avait perdu la volonté. Il comprenait, agissait comme on lui ordonnait, mais d'une façon automatique et mécanique. »

Plusieurs cas analogues au précédent ont été rapportés, mais le plus important pour nous est celui du « carrier américain ». Une barre de fer lancée par une mine lui traversa le crâne, lésant seulement la région pré-frontale. Il guérit et survécut douze ans et demi à cet accident ; mais voici ce qui est rapporté de l'état mental du patient après sa guérison. « Ses patrons, qui le considéraient comme un de leurs meilleurs et de leurs plus habiles conducteurs de travaux avant son accident, le trouvèrent tellement changé qu'ils ne purent lui confier de nouveau son ancien poste. L'équilibre, la balance entre ses facultés intellectuelles et ses penchants instinctifs semblent détruits. Il est nerveux, irrespectueux, jure souvent de la façon la plus grossière : ce qui n'était pas dans ses habitudes auparavant. Il est à peine poli avec ses égaux ; il supporte impatiemment la contradiction, n'écoute pas les conseils lorsqu'ils sont en opposition avec ses idées. A certains moments, il est d'une obstination excessive, bien qu'il soit capricieux et indécis. Il fait des plans d'avenir qu'il abandonne aussitôt pour en adopter d'autres. C'est un enfant pour l'intelligence et les manifestations intellectuelles, un homme pour les passions et les instincts. Avant son accident, bien qu'il n'eût pas reçu d'éducation scolaire, il avait l'esprit bien équilibré, et on le considérait comme un homme habile, pénétrant, très énergique et tenace dans l'exécution de ses plans. A cet égard, il est tellement changé que ses amis disent qu'ils ne le reconnaissent plus [1]. »

Ce cas est très net. On y voit la volonté s'affaiblir dans la mesure où l'activité inférieure se renforce. C'est de plus une *expérience*, puisqu'il s'agit d'un changement brusque, produit par un accident, dans des circonstances bien déterminées.

Il est fâcheux que nous n'ayons pas beaucoup d'observations de ce genre, car un grand pas serait fait dans notre interprétation des maladies de la volonté. Malheureusement, les travaux poursuivis avec tant d'ardeur sur les localisations cérébrales se sont surtout attachés aux régions motrices et sensitives, qui, on le sait, laissent en dehors la plus grande partie de la région frontale. Il faudrait aussi un examen critique des faits contraires, des cas où aucun affaiblissement de la volonté ne paraît s'être produit. Ce travail fait, la thèse de Ferrier — que dans les lobes frontaux existent des centres d'arrêt pour les opérations intellectuelles — prendrait plus de consistance et fournirait une base solide à la détermination des causes. En l'état, on ne pourrait sortir du domaine des conjectures.

---

1. Pour ces faits et d'autres, voir Ferrier, *De la localisation des maladies cérébrales*, trad. de Varigny, p. 43-56, et C. de Boyer, *Etudes cliniques sur les lésions corticales des hémisphères cérébraux* (1879), p. 48, 55, 56, 71.

En rapprochant l'aboulie des impulsions irré-sistibles, on notera que la volonté fait défaut par suite de conditions tout à fait contraires. Dans un cas, l'intelligence est intacte, l'impulsion manque ; dans l'autre, la puissance de coordination et d'arrêt faisant défaut, l'impulsion se dépense tout entière au profit de l'automatisme.

CHAPITRE III

Nous allons étudier maintenant des affaiblissements de la volonté d'un caractère moins frappant, ceux de *l'attention volontaire*. Ils ne diffèrent pas en nature de ceux du dernier groupe, consistant comme eux en un affaiblissement du pouvoir de direction et d'adaptation. C'est une diminution de la volonté au sens le plus strict, le plus étroit, le plus limité, indiscutable même pour ceux qui se renferment obstinément dans l'observation intérieure.

Avant de nous occuper de la faiblesse acquise, examinons la faiblesse *congénitale* de l'attention volontaire. Laissons de côté les esprits bornés ou médiocres, chez qui les sentiments, l'intelligence et la volonté sont à un même unisson de faiblesse. Il est plus curieux de prendre un grand esprit, un homme doué d'une haute intelligence, d'une vive faculté de

sentir, mais chez qui le pouvoir directeur manque, en sorte que le contraste entre la pensée
et le vouloir soit complet. Nous en avons un
exemple dans Coleridge.

« Aucun homme de son temps ni peut-être
d'aucun temps, dit Carpenter [1], n'a réuni plus
que Coleridge la puissance de raisonnement du
philosophe, l'imagination du poète et l'inspira-
tion du voyant. Personne peut-être dans la
génération précédente n'a produit une plus
vive impression sur les esprits engagés dans
les spéculations les plus hautes. Et pourtant il
n'y a probablement personne qui, étant doué
d'aussi remarquables talents, en ait tiré si peu,
— le grand défaut de son caractère étant le
manque de volonté pour mettre ces dons natu-
rels à profit ; si bien que, ayant toujours flot-
tants dans l'esprit de nombreux et gigantesques
projets, il n'a jamais essayé sérieusement d'en
exécuter un seul. Ainsi, dès le début de sa car-
rière, il trouva un libraire généreux, qui lui
promit trente guinées pour des poèmes qu'il
avait récités, le payement intégral devant se
faire à la remise du manuscrit. Il préféra venir,
toutes les semaines, mendier de la manière la
plus humiliante pour ses besoins journaliers la
somme promise, sans fournir une seule ligne de

1. *Mental physiology*, p. 266 et suiv.

ce poème, qu'il n'aurait eu qu'à écrire pour se
libérer. L'habitude qu'il prit de bonne heure et
dont il ne se défit jamais de recourir aux stimulants nerveux (alcool, opium) affaiblit encore
son pouvoir volontaire, en sorte qu'il devint
nécessaire de le gouverner. »

La composition de son fragment poétique
Kubla Khan, qu'il a racontée dans sa *Biogra-
phie littéraire*, est un exemple typique d'action mentale automatique. Il s'endormit en
lisant. A son réveil, il sentit qu'il avait composé
quelque chose comme deux ou trois cents vers
qu'il n'avait qu'à écrire, « les images naissant
comme des réalités, avec les expressions correspondantes, sans aucune sensation ou conscience
d'effort. » L'ensemble de ce singulier fragment,
tel qu'il existe, comprend cinquante-quatre li-
gnes, qui furent écrites aussi vite que la plume
pouvait courir; mais ayant été interrompu pour
une affaire, par quelqu'un qui resta environ une
heure, Coleridge, à sa grande surprise et mor-
tification, trouva « que, quoiqu'il eût encore
un vague et obscur souvenir de l'ensemble général de sa vision, à l'exception de huit ou dix
vers épars, tout le reste avait disparu sans
retour. »

Les récits de ses contemporains sur son inta-
rissable conversation, son habitude de rêver
tout haut, son parfait oubli de ses interlocu-

teurs, laissent l'impression d'une intelligence exubérante, livrée à un automatisme sans frein. Les anecdotes curieuses ou plaisantes abondent sur ce point. Je n'en citerai aucune ; j'aime mieux laisser à un maître le soin de peindre l'homme.

« La figure de Coleridge et son extérieur, d'ailleurs bon et aimable, avait quelque chose de mou et d'irrésolu, exprimant la faiblesse avec la possibilité de la force. Il pendillait sur ses membres, les genoux fléchis, dans une attitude courbée. Dans sa marche, il y avait quelque chose de confus et d'irrégulier, et, quand il se promenait dans l'allée d'un jardin, il n'arrivait jamais à choisir définitivement l'un des côtés, mais se mouvait en tire-bouchon, essayant des deux.

« Rien n'était plus abondant que sa conversation ; toujours et à la lettre de la nature d'un monologue, ne souffrant aucune interruption même respectueuse, écartant immédiatement toute addition ou annotation étrangères, même les plus sincères désirs d'éclaircissement, comme des superfluités qui n'auraient jamais dû se produire. En outre, sa conversation n'allait pas dans un sens comme une rivière, mais dans tous les sens, en courants inextricables ou en remous comme ceux d'un lac ou de la mer ; terriblement dépourvue de but défini, même souvent d'intelligibilité logique : ce que vous deviez faire ou croire se refusant obstinément à sortir de ce flot de paroles ; en sorte que, le plus souvent, vous vous sentiez logiquement perdu, engouffré et près d'être noyé par cette marée de mots ingénieux, débordant sans limites comme pour submerger le monde.

« Il commençait d'une façon quelconque. Vous lui posiez une question, vous lui faisiez une observation suggestive. Au lieu de répondre, il commençait par accumuler un appareil formidable de vessies natatoires logiques, de préservatifs transcendantaux, d'autres accoutrements de précaution et de véhiculation. Peut-être à la fin succombait-il sous le poids ; mais il était bien vite sollicité par l'attrait de quelque nouveau gibier à poursuivre d'ici ou de là, par quelque nouvelle course, et de course en course à travers le monde, incertain du gibier qu'il prendrait et s'il en prendrait. Sa conversation se distinguait comme lui-même par l'irrésolution ; elle ne pouvait se plier à des conditions, des abstentions, un but défini ; elle voguait à son bon plaisir, faisant de l'auditeur avec ses désirs et ses humbles souhaits un repoussoir purement passif.

« Brillants îlots embaumés, ensoleillés et bénis, îlots de l'intelligible ! je les ai vus sortir du brouillard, mais rares et pour être engloutis aussitôt dans l'élément général.

« On avait toujours des mots éloquents, artistement expressifs; par intervalles, des vues d'une pénétrante subtilité; rarement manquait le ton d'une sympathie noble, quoique étrangement colorée; mais, en général, cette conversation sans but, faite de nuages, assise sur des nuages, errant sans loi raisonnable, ne pouvait être appelée excellente, mais seulement surprenante; elle rappelait l'expression amère de Hazlitt : Excellent causeur, en vérité, si on le laisse ne partir d'aucune prémisse, pour n'arriver à aucune conclusion [1]. »

Descendons maintenant aux vulgaires exemples d'affaiblissement *acquis* de l'attention volontaire. Elle se présente sous deux formes :

1º La première est caractérisé par une activité intellectuelle exagérée, une surabondance d'états de conscience, une production anormale de sentiments et d'idées dans un temps donné. Nous en avons fait déjà mention à propos de l'ivresse alcoolique. Cette exubérance cérébrale éclate davantage dans l'ivresse plus intelligente du hachich et de l'opium. L'individu se sent débordé par le flux incoercible de ses idées, et le langage n'est pas assez rapide pour rendre la rapidité de la pensée; mais en même temps le pouvoir de

---

1. Carlyle, *The Life of Sterling*, ch. VIII.

diriger les idées devient de plus en plus faible, les moments lucides de plus en plus courts [1]. Cet état d'exubérance psychique, quelle qu'en soit la cause (fièvre, anémie cérébrale, émotion), aboutit toujours au même résultat.

Entre cet état et l'attention, il y a donc un antagonisme complet : l'un exclut l'autre. Ce n'est d'ailleurs qu'un cas particulier de l'exagération des réflexes; seulement il s'agit ici de réflexes psychiques; en d'autres termes, tout état de conscience actuel tend à se dépenser, et il ne peut le faire que de deux manières : produire un mouvement, un acte; ou bien éveiller d'autres états de conscience suivant les lois de l'association. Ce dernier cas est un réflexe d'ordre plus complexe, un réflexe psychique, mais il n'est comme l'autre qu'une forme de l'automatisme.

2° La deuxième forme nous ramène au type de l'aboulie : elle consiste en une diminution progressive du pouvoir directeur et une impossibilité finale de l'effort intellectuel.

« Dans la période initiale de certaines maladies du cerveau et de l'esprit, le malade se plaint d'incapacité à gouverner et à diriger la faculté de l'attention. Il trouve qu'il lui est impossible, sans un effort visible et pénible, d'accomplir son travail mental accoutumé, de lire ou de com-

---

1. Moreau, *Du hachich et de l'aliénation mentale*, p. 60. Richet, *Les poisons de l'intelligence*, p. 71.

prendre le contenu d'une lettre, d'un journal, même une ou deux pages de quelque livre favori; l'esprit tombe à un état vacillant, incapable de continuité dans la pensée.

« Conscient de cet affaiblissement d'énergie, le malade tâche de la reconquérir; il prend un livre, résolu à ne pas céder à ses sensations d'incapacité intellectuelle, de langueur psychique, de faiblesse cérébrale; mais souvent il découvre qu'il a perdu tout pouvoir d'équilibre mental, de concentration et de coordination de ses idées. Dans ses tentatives pour comprendre le sens de ce qu'il a sous les yeux, il lit et relit avec résolution, avec une apparence d'énergie victorieuse certains passages frappants, mais sans être capable de saisir un ensemble d'idées très simples ou de poursuivre avec succès un raisonnement élémentaire. Cette tentative, surtout si elle est soutenue, de faire converger l'attention sur un point, accroît souvent la confusion de l'esprit et produit une sensation physique de lassitude cérébrale et de céphalalgie [1]. »

Beaucoup de paralytiques généraux, après avoir traversé la période de suractivité intellectuelle, celle des projets gigantesques, des achats immodérés, des voyages sans motif, de la loquacité incessante, où la volonté est dominée par

---

1. Forbes Winslow, *On the obscure Diseases of the Brain, etc.*, p. 216.

les réflexes, en viennent à la période où elle est impuissante par atonie; l'effort ne dure qu'un moment, jusqu'à ce que cette passivité toujours croissante aboutisse à la démence [1].

Le lecteur voit, sans commentaires, que les maladies de l'attention volontaire sont réductibles aux types déjà étudiés. Il est donc plus fructueux, sans multiplier les exemples, de rechercher ce que cet état de l'esprit qu'on nomme l'attention peut nous apporter de renseignements sur la nature de la volonté et de suggestions pour les conclusions de ce travail.

Je n'ai pas à étudier l'attention, quelque intéressant et mal connu que soit ce sujet. La question ne peut être prise ici que de biais, c'est-à-dire qu'autant qu'elle touche à la volonté. Je réduirai mes conclusions sur ce point aux propositions suivantes :

1º L'attention volontaire, celle dont on célèbre d'ordinaire les merveilles, n'est qu'une imi-

1. Parmi ces malades, quelques-uns, assez rares, traversent une période de lutte qui montre bien en quelle mesure la volonté est maîtresse et comment elle finit par succomber : « J'ai vu à Bicêtre, dit Billod (loc. cit.), un paralytique général dont le délire des grandeurs était aussi prononcé que possible, s'évader, se rendre pieds nus, par une pluie battante et de nuit, de Bicêtre aux Batignolles. Le malade resta dans le monde un an entier, pendant lequel il lutta de toute sa volonté contre son délire intellectuel, sentant très bien qu'à la première idée fausse on le ramènerait à Bicêtre. Il y revint cependant. — J'ai rencontré plusieurs autres exemples de cette intégrité de la volonté se conservant assez longtemps chez les paralytiques généraux. »

tation artificielle, instable et précaire, de l'attention spontanée.

2° Celle-ci seule est naturelle et efficace.

3° Elle dépend, quant à son origine et à sa durée, de certains états affectifs, de la présence de *sentiments* agréables ou désagréables; en un mot, elle est sensitive dans son origine, ce qui la rapproche des réflexes.

4° Les actions d'arrêt paraissent jouer un rôle important, mais mal connu, dans le mécanisme de l'attention.

Pour justifier ces propositions, il est bon d'examiner d'abord l'attention spontanée et de la prendre sous ses formes les plus diverses. L'animal en arrêt qui guette sa proie, l'enfant qui contemple avec ardeur quelque spectacle banal, l'assassin qui attend sa victime au coin d'un bois (ici l'image remplace la perception de l'objet réel), le poète possédé par une vision intérieure, le mathématicien qui poursuit la solution d'un problème [1] : tous présentent essentiellement les mêmes caractères externes et internes.

L'état d'attention intense et spontanée, je le définirais volontiers, comme Sergi, une différenciation de la perception produisant une plus grande énergie psychique dans certains centres

1. Il ne s'agit, bien entendu, que de ceux qui sont poètes ou mathématiciens par nature, non par éducation.

nerveux avec une sorte de catalepsie temporaire des autres centres [1]. Mais je n'ai pas à étudier l'attention en elle-même; ce qui nous importe, c'est de déterminer son origine, sa cause.

Il est clair que, dans les états ci-dessus énumérés et leurs analogues, la vraie cause est un état affectif, un sentiment de plaisir, d'amour, de haine, de curiosité : bref, un état plus ou moins complexe, agréable, désagréable ou mixte. C'est parce que la proie, le spectacle, l'idée de la victime, le problème à résoudre produisent chez l'animal, l'enfant, l'assassin, le mathématicien, une émotion intense et suffisamment durable qu'ils sont attentifs. Otez l'émotion, tout disparaît. Tant qu'elle dure, l'attention dure. Tout se passe donc ici à la manière de ces réflexes

1. « Le processus si compliqué de l'attention est déterminé par les mêmes conditions anatomo-physiologiques des organes encéphaliques qui se rencontrent plus simples dans l'excitation sensitive. Ces conditions dépendent du processus continu de différenciation que subissent les éléments nerveux. Nous avons déjà vu un premier processus de différenciation dans le passage de l'onde (nerveuse) diffuse à l'onde restreinte, c'est-à-dire dans le passage de la sensation à la perception distincte : ce qui implique une localisation cérébrale. C'est un processus de différenciation encore plus grand que nous nommons attention : l'onde excitatrice devient plus restreinte et plus intense, plus localisée et plus directe : par suite, le phénomène entier prend une forme claire et distincte. » (Sergi, *Teoria fisiologica della percezione*, ch. XII, p. 216. Outre ce substantiel chapitre, on pourra consulter sur l'attention étudiée du point de vue de la psychologie nouvelle : Lewes, *Problems of life and Mind*, 3e série, p. 184; Maudsley, *Physiol. de l'esprit*, trad. française, p. 457; Wundt, *Grundzüge der physiol. Psychologie*, 2e éd., p. 394; Ferrier, *Les fonctions du cerveau*, § 102.)

qui paraissent continus, parce qu'une excitation sans cesse répétée et toujours la même les maintient, jusqu'au moment où l'épuisement nerveux se produit.

Veut-on la contre-épreuve ? Qu'on remarque que les enfants, les femmes et en général les esprits légers ne sont capables d'attention que pendant un temps très court; parce que les choses n'éveillent en eux que des sentiments superficiels et instables; qu'ils sont complètement inattentifs aux qesstions élevées, complexes, profondes, parce qu'elles les laissent froids; qu'ils sont au contraire attentifs aux choses futiles, parce qu'elles les intéressent. Je pourrais rappeler encore que l'orateur et l'écrivain maintiennent l'attention de leur public en s'adressant à leurs sentiments (agrément, terreur, etc.). On peut tourner et retourner la question en tous sens; la même conclusion s'impose et je n'insisterais pas sur un fait évident, si les auteurs qui ont étudié l'attention ne me paraissaient avoir oublié cette influence capitale.

A ce compte, on doit dire que l'attention spontanée donne un maximum d'effet avec un minimum d'effort; tandis que l'attention volontaire donne un minimum d'effet avec un maximum d'effort et que cette opposition est d'autant plus tranchée que l'une est plus spontanée et l'autre plus volontaire. A son plus haut degré, l'attention volontaire est un état artificiel où, à l'aide de sentiments factices, nous maintenons à grand'peine certains états de conscience qui ne tendent qu'à s'évanouir (par exemple, quand nous poursuivons par politesse une conversation très ennuyeuse). Dans un cas, ce qui détermine cette spécialisation de la conscience, c'est toute notre individualité; dans le second, c'est une portion extrêmement faible et restreinte de notre individualité.

Bien des questions se poseraient ici; mais, je le répète, je n'ai pas à étudier l'attention en elle-même. J'avais simplement à montrer (ce qui, je l'espère, ne laisse aucun doute) qu'elle est dans son origine de la nature des réflexes; que sous sa forme spontanée elle a leur régularité et leur puissance d'action; que, sous sa forme volontaire, elle est beaucoup moins régulière et puissante; mais que, dans les deux cas, c'est une excitation sensitive qui la cause, la maintient et la mesure.

On voit une fois de plus que le volontaire est fait avec l'involontaire, s'appuie sur lui, tire de lui sa force et est, en comparaison, bien fragile. L'éducation de l'attention ne consiste en définitive qu'à susciter et à développer ces sentiments factices et à tâcher de les rendre stables par la répétition; mais, comme il n'y a pas de création *ex nihilo*, il leur faut une base naturelle, si mince qu'elle soit. Pour conclure sur ce point, j'avouerai que j'accepte pour mon compte le paradoxe si souvent combattu d'Helvétius « que toutes les différences intellectuelles entre les hommes ne viennent que de l'attention », sous la réserve qu'il s'agit de l'attention spontanée *seule;* mais alors tout se réduit à dire que les différences entre les hommes sont innées et naturelles.

Après avoir montré comment l'attention se produit, il reste à chercher comment elle se maintient. La difficulté ne porte que sur l'attention voulue. Nous avons vu, en effet, que le maintien de l'attention spontanée s'explique de lui-même. Elle est continue, parce que l'excitation qui la cause est continue. Par contre, plus l'attention est volontaire, plus elle requiert d'effort et plus elle est instable. Les deux cas se réduisent à une lutte entre des états de conscience. Dans le premier cas, un état de conscience (ou pour mieux dire un groupe d'états) est tellement intense qu'il n'y a contre lui aucune lutte possible et qu'il s'impose de vive force. Dans le second cas, le groupe n'a pas de lui-même une intensité suffisante pour s'imposer : il n'y parvient que par une force additionnelle, qui est l'intervention de la volonté.

Par quel mécanisme agit-elle? Autant qu'il semble, par un arrêt de mouvements. Nous revenons ainsi à ce problème de l'inhibition, plus obscur ici que partout ailleurs. Voyons ce qu'on peut supposer à cet égard. D'abord, il est à peine nécessaire de rappeler que le cerveau est un organe moteur, c'est-à-dire qu'un grand nombre de ses éléments sont consacrés à produire du mouvement et qu'il n'y a pas un seul état de conscience qui ne contienne à un degré quelconque des éléments moteurs. Il s'ensuit que tout état d'attention implique l'existence de ces éléments. « Dans les mouvements de nos membres et de notre corps, nous avons le sentiment très net d'une opération [1]. Nous l'avons à un degré moindre dans l'ajustement délicat de nos yeux, de nos oreilles, etc. Nous ne le reconnaissons que par induction dans l'ajustement encore plus délicat de l'attention et de la compréhension, qui sont aussi, et sans métaphore, des actes de l'esprit. Les combinaisons intellectuelles les plus pures impliquent des mouvements (avec les sentiments concomitants) aussi nécessairement que la combinaison des muscles pour manipuler. Le sentiment d'effort ou de repos éprouvé, quand nous cherchons ou trouvons notre route à travers une masse d'idées obscures et enchevêtrées, n'est qu'une forme affaiblie du sentiment que nous avons en cher-

---

1. Lewes, *Problems of life and Mind*, 3ᵉ series, p. 397.

chant ou en trouvant notre route dans une forêt épaisse et sombre. »

· Rappelons encore que tout état de conscience, surtout lorsqu'il est très intense, tend à passer à l'acte, à se traduire en mouvements, et que, dès qu'il entre dans sa phase motrice, il perd de son intensité, il est en déclin, il tend à disparaître de la conscience. — Mais un état de conscience actuel a une autre manière de se dépenser : c'est de transmettre sa tension à d'autres états d'après le mécanisme de l'association. C'est, si l'on veut, une dépense interne au lieu d'une dépense externe. Toutefois, l'association qui part de l'état présent ne se fait pas d'une seule manière. Dans l'attention spontanée, certaines associations prévalent seules et d'elles-mêmes, par leur propre intensité. Dans l'attention voulue (la réflexion en représente la forme la plus élevée), nous avons conscience d'une irradiation en divers sens. Bien mieux, dans les cas où nous avons beaucoup de peine à être attentifs, les associations qui prévalent sont celles que nous ne voulons pas, c'est-à-dire qui ne sont pas choisies, affirmées comme devant être maintenues.

Par quel moyen donc les plus faibles sont-elles maintenues? Pour nous représenter, dans la mesure possible, ce qui se passe en pareil cas, considérons des faits analogues, mais d'un **ordre** plus palpable. Prenons un homme qui apprend à jouer d'un instrument, à manier un outil, ou mieux encore un enfant qui apprend à écrire. Au début, il produit un grand nombre de mouvements complètement inutiles ; il fait mouvoir sa langue, sa tête, sa face, ses jambes, ce n'est que peu à peu qu'il apprend à tenir ses organes en sujétion et à se restreindre aux mouvements nécessaires des mains et des yeux.

Dans l'attention voulue, les choses se passent d'une manière analogue. Les associations qui diffusent en tous sens sont assimilables à ces mouvements inutiles. Le problème, dans un cas comme dans l'autre, c'est de substituer une diffusion limitée, restreinte, à une diffusion illimitée. Pour cela, nous enrayons les associations inutiles à notre but. A proprement parler, nous ne supprimons pas des états de conscience, mais nous empêchons qu'ils se survivent en éveillant des états analogues et qu'ils prolifèrent à leur gré. On sait d'ailleurs que cette tentative est souvent impuissante, toujours pénible et, dans certains cas, incessamment répétée. En même temps que nous empêchons cette diffusion en tous sens, la force nerveuse disponible est économisée à notre profit. Diminuer la diffusion inutile, c'est augmenter la concentration utile.

Telle est l'idée qu'on peut se faire de ce phénomène obscur, quand on essaye d'en pénétrer le mécanisme, au lieu d'avoir recours à une prétendue « faculté » d'attention qui n'explique rien. On doit d'ailleurs reconnaître avec Ferrier « que le fondement physiologique, sur lequel repose ce contrôle de l'idéation, est une question fort délicate et à peine susceptible d'une démonstration expérimentale [1]. » Ajoutons que ce qui précède ne prétend qu'à être une approximation, non une explication.

1. On lira avec profit les deux paragraphes (*Fonctions du cerveau*, § 103, 104) qu'il a consacrés à cette question. Il a surtout bien montré comment la suppression des mouvements va de pair avec l'accroissement d'attention, spontanée ou volontaire :

« La faculté de fixer l'attention et de concentrer la conscience dépend de l'inhibition du mouvement. Pendant le temps où nous sommes occupés par une idéation attentive, nous supprimons les mouvements actuels, mais nous maintenons en état de tension plus ou moins considérable les centres du mouvement ou des mouvements auxquels sont unis les divers facteurs sensitifs de l'idéation.

« En réprimant la tendance à la diffusion externe dans les mouvements actuels, nous augmentons la diffusion interne et nous concentrons la conscience. Car le degré de conscience est inversement proportionnel à la quantité de diffusion externe active. Dans l'attention la plus intense, tout mouvement qui diminuerait la diffusion interne est également arrêté. Aussi, quand nous pensons profondément, les actions automatiques elles-mêmes sont arrêtées, et on peut remarquer qu'un homme qui, en se promenant, tombe dans une méditation profonde, s'arrête et reste en repos. »

CHAPITRE IV

LE RÈGNE DES CAPRICES

Vouloir, c'est choisir pour agir : telle est pour nous la formule de la volonté normale. Les anomalies étudiées jusqu'ici se réduisent à deux grands groupes : l'impulsion manque, et aucune tendance à agir ne se produit (aboulie); l'impulsion trop rapide ou trop intense empêche le choix. Avant d'examiner les cas d'anéantissement de la volonté, c'est-à-dire ceux où il n'y a ni choix ni actes, étudions un type de caractère dans lequel la volonté ne se constitue pas ou ne le fait que sous une forme chancelante, instable et sans efficacité. Le meilleur exemple qu'on en puisse donner, c'est le caractère hystérique. A proprement parler, nous rencontrons ici moins un désordre qu'un état constitutionnel. L'impulsion irrésistible simple est comme une maladie aiguë; les impulsions permanentes et invincibles ressemblent à une maladie chronique, le caractère hystérique est une diathèse. C'est un état où les conditions d'existence de la volition manquent presque toujours.

J'emprunte au portrait que le Dr Huchard a récemment tracé du caractère des hysté-iques les traits qui se rapportent à notre sujet :

« Un premier trait de leur caractère est la mobilité. Elles passent d'un jour, d'une heure, d'une minute à l'autre avec une incroyable rapidité de la joie à la tristesse, du rire aux pleurs ; versatiles, fantasques ou capricieuses, elles parlent dans certains moments avec une loquacité étonnante, tandis que dans d'autres elles deviennent sombres et taciturnes, gardent un mutisme complet ou restent plongées dans un état de rêverie ou de dépression mentale ; elles sont alors prises d'un sentiment vague et indéfinissable de tristesse avec sensation de serrement à la gorge, de boule ascendante, d'oppression épigastrique ; elles éclatent en sanglots, ou elles vont cacher leurs larmes dans la solitude, qu'elles réclament et qu'elles recherchent ; d'autres fois, au contraire, elles se mettent à rire d'une façon immodérée, sans motifs sérieux. Elles se comportent, dit Ch. Richet, comme les enfants que l'on fait rire aux éclats alors qu'ils ont encore sur la joue les larmes qu'ils viennent de répandre.

« Leur caractère change comme les vues d'un kaléidoscope, ce qui a pu faire dire avec raison par Sydenham que ce qu'il y a de plus constant chez elles c'est leur inconstance. Hier, elles étaient enjouées, aimables et gracieuses ; aujourd'hui, elles sont de mauvaise humeur, susceptibles et irascibles, se fâchant de tout et de rien, maussades et boudeuses par caprice, mécontentes de leur sort ; rien ne les intéresse, elles s'ennuient de tout. Elles éprouvent une antipathie très grande contre une personne qu'hier elles aimaient et estimaient, ou au contraire témoignent une sympathie incompréhensible pour telle autre : aussi poursuivent-elles de leur haine certaines personnes avec autant d'acharnement qu'elles avaient autrefois mis de persistance à les entourer d'affection.....

« Parfois leur sensibilité est exaltée par les motifs les plus futiles, alors qu'elle est à peine touchée par les plus grandes émotions : elles' restent presque indifférentes, impassibles même à l'annonce d'un vrai malheur, et elles versent d'abondantes larmes, s'abandonnent au désespoir le plus profond pour une simple parole mal interprétée et transforment en offense la plus légère plaisanterie. Cette sorte d'*ataxie morale* s'observe encore pour leurs intérêts les plus chers : celle-ci a l'indifférence la plus complète pour l'inconduite de son mari; celle-là reste froide devant le danger qui menace sa fortune. Tour à tour douces et emportées, dit Moreau (de Tours), bienfaisantes et cruelles, impressionnables à l'excès, rarement maîtresses de leur premier mouvement, incapables de résister à des impulsions de la nature la plus opposée, présentant un défaut d'équilibre entre les facultés morales supérieures, la volonté, la conscience, et les facultés inférieures, instincts, passions et désirs.

« Cette extrême mobilité dans leur état d'esprit et leurs dispositions affectives, cette instabilité de leur caractère, ce défaut de fixité, cette absence de stabilité dans leurs idées et leurs volitions, rendent compte de l'impossibilité où elles se trouvent de porter longtemps leur attention sur une lecture, une étude ou un travail quelconque.

« Tous ces changements se reproduisent avec la plus grande rapidité. Chez elles, les impulsions ne sont pas, comme chez les épileptiques, privées absolument du contrôle de l'intelligence ; mais elles sont vivement suivies de l'acte. C'est ce qui explique ces mouvements subits de colère et d'indignation, ces enthousiasmes irréfléchis, ces affolements de désespoir, ces explosions de gaieté folle, ces grands élans d'affection, ces attendrissements rapides,

ou ces brusques emportements pendant lesquels, agissant comme des enfants gâtés, elles
trépignent du pied, brisent les meubles, éprouvent un besoin irrésistible de frapper.....

« Les hystériques s'agitent, et les passions
les mènent. Toutes les diverses modalités de
leur caractère, de leur état mental, peuvent
presque se résumer dans ces mots : elles ne
savent pas, elles ne peuvent pas, elles ne veulent pas vouloir. C'est bien, en effet, parce que
leur volonté est toujours chancelante et défail-
lante, c'est parce qu'elle est sans cesse dans un
état d'équilibre instable, c'est parce qu'elle
tourne au moindre vent comme la girouette
sur nos toits, c'est pour toutes ces raisons que
les hystériques ont cette mobilité, cette inconstance et cette mutabilité dans leurs désirs,
dans leurs idées et leurs affections [1]. »

Ce portrait si complet nous permet d'abréger
les commentaires. Il a mis sous les yeux du
lecteur cet état d'incoordination, de rupture
d'équilibre, d'anarchie, d' « ataxie morale » ;
mais il nous reste à justifier notre assertion du
début : qu'il y a ici une impuissance constitutionnelle de la volonté ; qu'elle ne peut naître,
parce que ses conditions d'existence manquent.
Pour des raisons de clarté, j'anticiperai sur ce

1. Axenfeld et Huchard, *Traité des névroses*, 2ᵉ édition, 1883
p. 958-971.

qui sera établi avec plus de détails et de preuves dans les conclusions de cet ouvrage.

Si nous prenons une personne adulte, douée d'une volonté moyenne, nous remarquerons que son activité (c'est-à-dire son pouvoir de produire des actes) forme en gros trois étages : au plus bas, les actes automatiques, réflexes simples ou composés, habitudes; au-dessus, les actes produits par les sentiments, les émotions et les passions; plus haut, les actes raisonnables. Ce dernier étage suppose les deux autres, repose sur eux et par conséquent en dépend, quoiqu'il leur donne la coordination et l'unité. Les caractères capricieux dont l'hystérique est le type n'ont que les deux formes inférieures ; la troisième est comme atrophiée. Par nature, sauf de rares exceptions, l'activité raisonnable est toujours la moins forte. Elle ne l'emporte qu'à condition que les idées éveillent certains sentiments qui sont, bien plus que les idées, aptes à se traduire en actes. Nous avons vu que plus les idées sont abstraites, plus leurs tendances motrices sont faibles. Chez les hystériques, les idées régulatrices ne naissent pas ou restent à l'état sec. C'est parce que certaines notions d'ordre rationnel (utilité, convenance, devoir, etc.) restent à l'état de conceptions simples, qu'elles ne sont pas *senties* par l'individu, qu'elles ne produisent en lui aucun retentissement affectif, qu'elles n'entrent pas dans sa substance, mais demeurent comme un apport étranger, — c'est pour cela qu'elles sont sans action et, en pratique, comme si elles n'existaient pas. Le pouvoir d'agir de l'individu est tronqué et incomplet. La tendance des sentiments et des passions à se traduire en actes est doublement forte : par elle-même et parce qu'il n'y a rien au-dessus d'elle qui l'enraye et lui fasse contre-poids; et comme c'est un caractère des sentiments d'aller droit au but, à la manière des réflexes, d'avoir une adaptation en un seul sens, unilatérale (au contraire de l'adaptation rationnelle, qui est multilatérale), les désirs, nés promptement, immédiatement satisfaits, laissent la place libre à d'autres, analogues ou opposés, au gré des variations perpétuelles de l'individu. Il n'y a plus que des caprices, tout au plus des velléités, une ébauche informe de volition [1].

Ce fait que le désir va dans une seule direction et tend à se dépenser sans retard, n'explique pas cependant l'instabilité de l'hystérique ni son absence de volonté. Si un désir toujours satisfait renaît toujours, il y a stabilité. La prédominance de la vie affective n'exclut pas nécessairement la volonté : une passion intense,

1. Notons en passant combien il est nécessaire en psychologie de tenir compte de la gradation ascendante des phénomènes. La volition n'est pas un état net et tranché, qui existe ou n'existe pas; il y a des ébauches et des essais.

stable, consentie, est la base même de toutes les volontés énergiques. On la trouve chez les grands ambitieux, chez le martyr inébranlable dans sa foi, chez le Peau-Rouge narguant ses ennemis au milieu des tourments. Il faut donc chercher plus profondément la cause de cette instabilité chez l'hystérique, et cette cause ne peut être qu'un état de l'individualité, c'est-à-dire, en fin de compte, de l'organisation. Nous appelons une volonté ferme celle dont le but, quelle qu'en soit la nature, est fixe. Que les circonstances changent, les moyens changent ; il se fait des adaptations successives au nouveau milieu ; mais le centre vers lequel tout converge ne change pas. Sa stabilité traduit la permanence du caractère dans l'individu. Si le même but reste choisi, agréé, c'est qu'au fond l'individu reste le même. Supposons au contraire un organisme à fonctions instables, dont l'unité — qui n'est qu'un consensus — est sans cesse défaite et refaite sur un nouveau plan, suivant la variation brusque des fonctions qui la composent ; il est clair qu'en pareil cas le choix peut à peine naître, ne peut durer, et qu'il n'y a plus que des velléités et des caprices. C'est ce qui advient chez l'hystérique. L'instabilité est un fait. Sa cause très probable est dans les troubles fonctionnels. L'anesthésie des sens spéciaux ou de la sensibilité générale, les hyperesthésies, les désordres de la motilité, contractures, convulsions, paralysies, les troubles des fonctions organiques, vaso-motrices, sécrétoires, etc., qui se succèdent ou coexistent, tiennent l'organisme en état perpétuel d'équilibre instable [1], et le caractère qui n'est que l'expression psychique de l'organisme varie de même. Un caractère stable sur des bases si chancelantes serait un miracle. Nous trouvons donc ici la vraie cause de l'impuissance de la volonté à être, et cette impuissance est, comme nous l'avons dit, constitutionnelle.

Des faits, en apparence contradictoires, confirment cette thèse. Les hystériques sont quelquefois possédées par une idée *fixe*, invincible. L'une se refuse à manger, une autre à parler, une autre à voir, parce que le travail de la digestion, l'exercice de la voix ou de la vision détermineraient, à ce qu'elles prétendent, une douleur. Plus fréquemment, on rencontre ce genre de paralysie qui a été appelée « psychique » ou « idéale ». L'hystérique reste couchée des semaines, des mois et même des années, se croyant incapable de rester debout ou de marcher. Un choc moral ou tout simplement l'influence d'une personne qui gagne sa confiance ou agit avec autorité produit la guérison.

---

1. Pour les détails des faits, voir l'ouvrage cité, p. 987-1043.

L'une se met à marcher à l'annonce d'un incendie, une autre se lève et va à la rencontre d'un frère absent depuis longtemps, une autre se décide à manger par crainte du médecin. Briquet, dans son *Traité de l'hystérie*, rapporte plusieurs cas de femmes qu'il a guéries, en leur inspirant la foi en leur guérison. On pourrait mentionner encore bon nombre de ces guérisons dites miraculeuses, qui ont défrayé la curiosité publique depuis l'époque du diacre Pâris jusqu'à nos jours.

Les causes physiologiques de ces paralysies sont très discutées. Dans l'ordre psychologique, nous constatons l'existence d'une idée fixe dont le résultat est un arrêt. Comme une idée n'existe pas par elle-même et sans certaines conditions cérébrales, comme elle n'est qu'une partie d'un tout psychophysiologique, — la partie consciente, — il faut admettre qu'elle répond à un état anormal de l'organisme, peut-être des centres moteurs et qu'elle tire de là son origine. Quoi qu'il en soit, ce n'est pas là, comme certains médecins l'ont soutenu avec insistance, une « exaltation » de la volonté ; c'en est au contraire l'absence. Nous retrouvons un type morbide déjà étudié et qui ne diffère des impulsions irrésistibles que dans la forme : il est inhibitoire. Mais il n'y a contre l'idée fixe aucune réaction venant directement de l'individu. C'est

une influence étrangère qui s'impose et produit
un état de conscience contraire, avec les sentiments et états physiologiques concomitants. Il
en résulte une impulsion puissante à l'action,
qui supprime et remplace l'état d'arrêt; mais
c'est à peine une volition, tout au plus une volition avec l'aide d'autrui.

Ce groupe de faits nous conduit donc à la
même conclusion : impuissance de la volonté à
se constituer [1].

---

1. Pour les faits, voir Briquet, *Traité de l'hystérie*, ch. X;
Axenfeld et Huchard, ouv. cité, p. 967-1012; Cruveilhier, *Anatomie
pathologique*, liv. XXXV, p. 4; Macario, *Ann. médico-psychol.*,
tome III, p. 62; Ch. Richet, *Revue des Deux-Mondes*, 15 jan-
vier 1880; P. Richer, *Études cliniques sur l'hystéro-épilepsie, etc.*,
3ᵉ p., ch. II, et les notes historiques.

CHAPITRE V

L'ANÉANTISSEMENT DE LA VOLONTÉ

Les cas d'anéantissement de la volonté, dont nous abordons maintenant l'étude, sont ceux où il n'y a ni choix ni actes. Lorsque toute l'activité psychique est ou semble complètement suspendue, comme dans le sommeil profond, l'anesthésie provoquée, le coma et les états analogues, c'est un retour à la vie végétative : nous n'avons rien à en dire; la volonté disparaît, parce que tout disparaît. Ici, il s'agit des cas où une forme d'activité mentale persiste, sans qu'il y ait aucune possibilité de choix suivi d'acte. Cet anéantissement de la volonté se rencontre dans l'extase et le somnambulisme.

I

On a distingué diverses sortes d'extase : profane, mystique, morbide, physiologique, cataleptique, somnambulique, etc. Ces distinctions n'importent pas ici, l'état mental restant au fond le même. La plupart des extatiques atteignent cet état naturellement, par un effet de leur constitution. D'autres secondent la nature par des procédés artificiels. La littérature religieuse et philosophique de l'Orient, de l'Inde en particulier, abonde en documents dont on a pu extraire une sorte de manuel opératoire pour parvenir à l'extase. Se tenir immobile, regarder fixement le ciel, ou un objet lumineux, ou le bout du nez, ou son nombril (comme les moines du Mont-Athos appelés *omphalopsyches*), répéter continuellement le monosyllabe *Oum* (Brahm), en se représentant l'être suprême; « retenir son haleine », c'est-à-dire ralentir sa respiration; « ne s'inquiéter ni du temps ni du lieu » : tels sont les moyens qui « font ressembler à la lumière paisible d'une lampe placée en un lieu où le vent ne souffle pas [1] ».

---

1. *Bhagavad-gita*, lecture 6e. — Les docteurs bouddhistes admettent quatre degrés dans la contemplation qui conduit au nirvâna terrestre.

Le premier degré est le sentiment intime de bonheur qui naît dans l'âme de l'ascète quand il se dit enfin arrivé à distinguer la nature des choses. Le yogui est alors détaché de tout désir autre que le nirvâna; il juge et raisonne encore; mais il est affranchi de toutes les conditions du péché et du vice.

Au second degré, le vice et le péché ne le souillent plus, mais en outre il a mis de côté le jugement et le raisonnement; son intelligence ne se fixe que sur le nirvâna, ne ressent que le

Quand cet état est atteint, l'extatique présente
certains caractères physiques : tantôt immobile
et muet, tantôt traduisant la vision qui le possède par des paroles, des chants, des attitudes.
Rarement il se déplace. Sa physionomie est ex-
pressive ; mais ses yeux, même ouverts, ne
voient pas. Les sons n'agissent plus ; sauf, dans
quelques cas, la voix d'une certaine personne.
La sensibilité générale est éteinte ; nul contact
n'est senti ; ni piqûre ni brûlure n'éveillent la
douleur.

Ce qu'il éprouve intérieurement, l'extatique
seul peut le dire, et, s'il n'en gardait au réveil
un souvenir très net, les profanes en seraient ré-
duits aux inductions. Leurs récits et leurs
écrits montrent, au milieu des différences de
races, de croyance, d'esprit, de temps et de lieu,
une frappante uniformité. Leur état mental se
réduit à une idée-image unique ou servant de

plaisir de la satisfaction intérieure, sans le juger ni même le
comprendre.

Au troisième degré, le plaisir de la satisfaction a disparu, le
sage est tombé dans l'indifférence à l'égard du bonheur qu'éprou-
vait encore son intelligence. Tout le plaisir qui lui reste, c'est
un vague sentiment de bien-être physique dont tout son corps
est inondé ; il a encore une conscience confuse de lui-même.

Enfin, au quatrième degré, le yogui ne possède plus ce sentiment de bien-être physique, tout obscur qu'il est ; il a également
perdu toute mémoire ; il a même perdu le sentiment de son
indifférence. Libre de tout plaisir et de toute douleur, il est
parvenu à l'impassibilité, aussi voisine du nirvâna qu'elle peut
l'être durant cette vie. (Barth. Saint-Hilaire, *Le Bouddha et sa
religion*, p. 136, 137.)

noyau à un groupe unique qui occupe toute la conscience et s'y maintient avec une extrême intensité. Plusieurs mystiques ont décrit cet état avec une grande délicatesse, avant tous sainte Thérèse. J'extrais donc quelques passages de son autobiographie, pour mettre sous les yeux du lecteur une description authentique de l'extase.

Pour s'unir à Dieu, il y a quatre degrés « d'oraison », qu'elle compare à quatre manières de plus en plus faciles d'arroser un jardin, « la première en tirant de l'eau du puits à force de bras, et c'est là un rude travail; la seconde en la tirant avec une noria (machine hydraulique), et l'on obtient ainsi avec une moindre fatigue une plus grande quantité d'eau; la troisième en faisant venir l'eau d'une rivière ou d'un ruisseau; la quatrième et sans comparaison la meilleure, c'est une pluie abondante. Dieu lui même se chargeant d'arroser, sans la moindre fatigue de notre part » (ch. XI).

Aux deux premiers degrés, il n'y a encore que des essais d'extase que la sainte note en passant: « Quelquefois, au milieu d'une lecture, j'étais tout à coup saisie du sentiment de la présence de Dieu. Il m'était absolument impossible de douter qu'il ne fût au dedans de moi ou que je fusse abîmée toute en lui. Ce n'était pas là une vision... Elle suspend l'âme de telle sorte qu'elle semble être tout entière hors d'elle-même. La volonté aime, la mémoire me paraît presque perdue, l'entendement n'agit point, néanmoins il ne se perd pas. » ·— A un degré plus haut qui n'est « ni un ravissement ni un sommeil spirituel », « la seule volonté agit, et, sans savoir comment elle se rend captive, elle donne simplement à Dieu son consentement, afin qu'il l'emprisonne, sûre de tomber dans les fers de celui qu'elle aime... L'entendement et la mémoire viennent au secours de la volonté, afin qu'elle se rende de plus en plus capable de jouir d'un si grand bien. Quelquefois pourtant, leur secours ne sert qu'à la troubler dans cette intime union avec Dieu. Mais alors la volonté, sans se mettre en peine de leur importunité, doit se maintenir dans les délices et le calme profond dont elle jouit. Vouloir fixer ses deux puissances [facultés] serait s'égarer avec elle. Elles sont alors comme des colombes qui, mécontentes de la nourriture que leur maître leur donne sans aucun travail de leur part, vont en chercher ailleurs, mais qui, après une vaine recherche, se hâtent de revenir au colombier. » A ce degré, « je regarde comme un très grand avantage, lorsque j'écris, de me trouver actuellement dans l'oraison dont je traite, car je vois clairement alors que ni l'expression ni la pensée ne viennent de moi; et quand c'est écrit, je ne puis plus comprendre comment j'ai pu le faire, ce qui m'arrive souvent. »

Au troisième degré, voici l'extase : « Cet état est un sommeil des puissances [facultés] où, sans être entièrement perdues en Dieu, elles n'entendent pourtant pas comment elles opèrent... On dirait quelqu'un qui, soupirant après la mort, tient déjà en main le cierge bénit et n'a plus qu'un souffle à exhaler pour se voir au comble de ses désirs. C'est pour l'âme une agonie pleine d'inexprimables délices, où elle se sent presque entièrement mourir à toutes les choses du monde et se repose avec ravissement dans la jouissance de son Dieu. Je ne trouve point d'autres termes pour peindre ni pour expliquer ce qu'elle éprouve. En cet état, elle ne sait que faire : elle ignore si elle parle, si elle se tait, si elle rit, si elle pleure; c'est un glorieux délire, une céleste folie, une manière de jouir souverainement délicieuse... Tandis qu'elle cherche ainsi son Dieu, l'âme se sent avec un très vif et très suave plaisir défaillir presque tout entière; elle tombe dans une espèce d'évanouissement qui peu à peu enlève au corps la respiration et toutes les forces. Elle ne peut sans un très pénible effort faire même le moindre mouvement des mains. Les yeux se ferment sans qu'elle veuille les fermer, et, si elle les tient ouverts, le el ne voit presque rien. Elle est incapable de lire, en eût-elle le désir; elle aperçoit bien des lettres; mais, comme l'esprit n'agit pas, elle ne peut ni les distinguer ni les assembler. Quand on lui parle, elle entend le son de la voix, mais non des paroles distinctes. Aussi elle ne reçoit aucun service de ses sens... Toutes les forces extérieures l'abandonnent : sentant par là croître les siennes, elle peut mieux jouir de sa gloire... A la vérité, si j'en juge par mon expérience, cette oraison est dans les commencements de si courte durée, qu'elle ne se révèle pas d'une manière aussi manifeste par les marques extérieures et par la suspension des sens. Il est à remarquer, du moins à mon avis, que cette suspension de toutes les puissances ne dure jamais longtemps; c'est beaucoup quand elle va jusqu'à une demi-heure, et je ne crois pas qu'elle m'ait jamais tant duré. Il faut l'avouer pourtant, il est difficile d'en juger puisqu'on est alors privé de sentiment. Je veux simplement constater ceci : toutes les fois que cette suspension générale a lieu, il ne se passe guère de temps sans que quelqu'une des puissances revienne à elle. La volonté est celle qui se maintient le mieux dans l'union divine, mais les deux autres recommencent bientôt à l'importuner. Comme elle est dans le calme, elle les ramène et les suspend de nouveau; elles demeurent ainsi tranquilles quelque moment et reprennent ensuite leur vie naturelle. L'oraison peut avec ces alternatives se prolonger et se prolonge, de fait, pendant quelques heures... Mais cet état d'extase complète, sans que l'imagination, selon moi également ravie, se porte à quelque objet étranger, est, je le répète, de courte durée. J'ajoute que les puissances ne revenant à elles qu'imparfaitement, elles peuvent rester dans une sorte de délire l'espace de quelques heures, pendant lesquelles Dieu de temps en temps les ravit de nouveau et les fixe en lui... Ce qui se passe dans cette union secrète est si caché qu'on ne saurait en parler plus clairement. L'âme se voit alors si près de Dieu et il lui en reste une certitude si ferme qu'elle ne peut concevoir le moindre doute sur la vérité d'une telle faveur. Toutes ses puissances perdent leur activité naturelle; elles n'ont aucune connaissance de leurs opérations... Cet importun papillon de la mémoire voit donc ici ses ailes brûlées, et il n'a plus le pouvoir de voltiger çà et là. La volonté est sans doute occupée à aimer, mais elle ne comprend pas comment elle aime. Quant à l'entendement, s'il entend, c'est par un mode qui lui reste inconnu, et il ne peut comprendre rien de ce qu'il entend [1]. »

1. *Vie de sainte Thérèse écrite par elle-même*, trad. du R. P. Bouix, 10e éd., p. 90, 91, 96, 138, 142, 157, 177-180. Comparer aussi Plotin, *Ennéades*, VI; Tauler, *Institution chrétienne*, ch. XII, XXVI, XXXV.

Je ne suivrai pas sainte Thérèse dans sa description du « ravissement » (ch. XX), « cet aigle divin qui avec une impétuosité soudaine vous saisit et vous enlève. » Ces extraits suffisent, et, si on les lit avec attention, on n'hésitera pas à leur attribuer toute la valeur d'une bonne observation psychologique [1].

En examinant les relations détaillées d'autres extatiques (que je ne peux rapporter ici), je trouve qu'il y a lieu, pour notre sujet, d'établir deux catégories.

Dans la première, la motilité persiste à un certain degré. L'extatique suit dans son évolution et reproduit avec des mouvements appropriés la Passion, la Nativité ou quelque autre drame religieux. C'est une série d'images très intenses, ayant un point de départ invariable, un enchaînement invariable qui se répète dans

---

1. Sainte Thérèse décrit ainsi son état physique pendant ses « ravissements » : « Souvent mon corps devenait si léger qu'il n'avait plus de pesanteur; quelquefois c'était à un tel point que je ne sentais plus mes pieds toucher à terre. Tant que le corps est dans le ravissement, il reste comme mort et souvent dans une impuissance absolue d'agir. Il conserve l'attitude où il a été surpris; ainsi il reste sur pied ou assis, les mains ouvertes ou fermées, en un mot dans l'état où le ravissement l'a trouvé. Quoique d'ordinaire on ne perde pas le sentiment, il m'est cependant arrivé d'en être entièrement privée : ceci a été rare et a duré fort peu de temps. Le plus souvent, le sentiment se conserve; mais on éprouve je ne sais quel trouble; et, bien qu'on ne puisse agir à l'extérieur, on ne laisse pas d'entendre : c'est comme un son confus qui viendrait de loin. Toutefois, même cette manière d'entendre cesse, lorsque le ravissement est à son plus haut degré. » (*Ibid.*, p. 206.)

chaque accès avec un parfait automatisme. Marie de Mœrl, Louise Lateau en sont des exemples bien connus.

L'autre catégorie est celle de l'extase en repos. L'idée seule règne, d'ordinaire abstraite ou métaphysique : Dieu pour sainte Thérèse et Plotin, mieux encore le *nirvâna* des bouddhistes. Les mouvements sont supprimés; on ne sent plus « qu'un reste d'agitation intérieure ».

Remarquons en passant combien ceci s'accorde avec ce qui a été dit précédemment : qu'avec les idées abstraites la tendance au mouvement est à son minimum; que ces idées étant des représentations de représentations, de purs schémas, l'élément moteur s'affaiblit dans la même mesure que l'élément représentatif.

Mais dans l'un et l'autre cas l'état mental de l'extase est une infraction complète aux lois du mécanisme normal de la conscience. La conscience n'existe que sous la condition d'un changement perpétuel; elle est essentiellement discontinue. Une conscience homogène et continue est une impossibilité. L'extase réalise tout ce qui est possible dans cette continuité; mais sainte Thérèse vient de nous le dire : ou bien la conscience disparaît, ou bien l'entendement et la mémoire — c'est-à-dire la discontinuité — reviennent par moments et ramènent la conscience.

Cette anomalie psychologique se complique d'une autre. Tout état de conscience tend à se dépenser en raison même de son intensité. Dans la plus haute extase, la dépense est nulle ou à peu près, et c'est grâce à l'absence de cette phase motrice que l'intensité intellectuelle se maintient. Le cerveau, organe à la fois intellectuel et moteur dans l'état normal, cesse d'être moteur. Bien plus, dans l'ordre intellectuel, les états de conscience hétérogènes et multiples qui constituent la vie ordinaire ont disparu. Les sensations sont supprimées; avec elles, les associations qu'elles suscitent. Une représentation unique absorbe tout. Si l'on compare l'activité psychique normal à un capital en circulation, sans cesse modifié par les recettes et les dépenses, on peut dire qu'ici le capital est ramassé en un bloc; la diffusion devient concentration, l'extensif se transforme en intensif. Rien d'étonnant donc si, dans cet état d'éréthisme intellectuel, l'extatique paraît transfigurée, au-dessus d'elle-même. Certes les visions de la grossière paysanne de Sanderet qui voyait une Vierge tout en or, dans un paradis en argent, ne ressemblent guère à celles d'une sainte Thérèse ou d'un Plotin; mais chaque intelligence au moment de l'extase donne son maximum.

Est-il bien nécessaire maintenant de rechercher pourquoi, dans cet état, il n'y a ni choix ni actes? Comment y aurait-il choix, puisque le choix suppose l'existence de ce tout complexe qu'on nomme le moi qui a disparu; puisque, la personnalité étant réduite à une idée ou à une vision unique, il n'y a point d'état qui puisse être choisi, c'est-à-dire incorporé au tout, à l'exclusion des autres; puisque, en un mot, il n'y a rien qui puisse choisir, rien qui puisse être choisi? Autant vaudrait supposer une élection sans électeurs ni candidats.

L'action aussi est tarie dans sa source, anéantie. Il n'en subsiste que les formes élémentaires (mouvements respiratoires, etc.), sans lesquelles la vie organique serait impossible. Nous avons ici un cas curieux de corrélation ou d'antagonisme psychologique : tout ce qu'une fonction gagne est perdu par une autre ; tout ce qui est gagné par la pensée est perdu par le mouvement. A cet égard, l'extase est le contraire des états où la motilité triomphe, tels que l'épilepsie, la chorée, les convulsions. Ici, maximum de mouvements avec minimum de conscience ; là, intensité de la conscience, avec minimum de mouvement. Il n'y a, à chaque moment, qu'un certain capital nerveux et psychique disponible ; s'il est accaparé par une fonction, c'est au détriment des autres. L'accaparement dans un sens ou dans l'autre dépend de la nature de l'individu.

Après avoir étudié l'anéantissement de la volonté sous sa forme la plus haute, remarquons qu'on trouve dans la contemplation, dans la réflexion profonde, des formes mitigées et décroissantes de cet anéantissement. L'inaptitude des esprits contemplatifs pour l'action a des raisons physiologiques et psychologiques dont l'extase nous a donné le secret.

II

Il serait aussi intéressant pour le psychologue que pour le physiologiste de savoir ce qui produit l'abolition de la conscience dans le somnambulisme naturel ou provoqué et de quelles conditions organiques elle résulte. Malgré les travaux poursuivis avec ardeur durant ces dernières années, on n'a sur ce point que des théories, et l'on peut choisir entre plusieurs hypothèses. Les uns, comme Schneider et Berger, en font un résultat de l' « attention expectante », produisant une concentration unilatérale et anormale de la conscience. Preyer y voit un cas particulier de sa théorie du sommeil. D'autres, comme Rumpf, admettent des changements réflexes dans la circulation cérébrale, des phénomènes d'hyperhémie et d'anémie dans la surface des hémisphères du cerveau. Heidenhain, qui combat cette dernière théorie, explique l'hypnotisme par une action d'arrêt. Il se produirait une suspension d'activité des cellules nerveuses corticales, peut-être par changement de disposition moléculaire : de cette manière, le mouvement fonctionnel de la substance grise serait interrompu. Cette dernière hypothèse est celle qui paraît rallier le plus d'adhérents. Comme elle n'est guère, du moins au point de vue psychologique, qu'une simple constatation de fait, nous pouvons nous y tenir.

Il serait inutile de décrire un état tant de fois décrit et avec tant de soin [1]. Remarquons seulement que les termes somnambulisme, hypnotisme et leurs analogues, ne désignent pas un état identique chez tous et partout. Cet état varie, chez le même individu, du simple assoupissement à la stupeur profonde; et d'un individu à l'autre, suivant la constitution, l'habitude, les conditions pathologiques, etc. Aussi serait-il illégitime d'affirmer qu'il y a toujours anéantissement du pouvoir volontaire. Nous allons voir qu'il y a des cas très douteux.

Prenons d'abord l'hypnotisme sous la forme que plusieurs auteurs ont nommée léthargique. L'inertie mentale est absolue; la conscience est abolie; les réflexes sont exagérés, — exagération qui va toujours de pair avec l'affaiblisse-

---

1. Voir en particulier les articles de M. Ch. Richet dans la *Revue philosophique* d'octobre et de novembre 1880, et de mars 1883.

ment de l'activité supérieure. A la voix de
l'opérateur, l'hypnotisé se lève, marche, s'as-
sied, voit des absents, voyage, décrit des pay-
sages. Il n'a, comme on dit, d'autre volonté
que celle de l'opérateur. Cela signifie en termes
plus précis : Dans le champ vide de la conscience, un état est suscité ; et, comme tout
état de conscience tend à passer à l'acte, —
immédiatement ou après avoir éveillé des associations, — l'acte s'ensuit. Ce n'est qu'un cas
d'une loi bien connue qui dans l'ordre psychologique est l'analogue du réflexe dans l'ordre
physiologique : et le passage à l'acte est ici
d'autant plus facile qu'il n'y a rien qui l'entrave,
ni pouvoir d'arrêt, ni état antagoniste, l'idée
suggérée régnant seule dans la conscience en-
dormie. — Des faits, en apparence plus bizarres, s'expliquent de même. On sait que, en don-
nant aux membres de l'hypnotisé certaines
postures convenables, on éveille en lui le sentiment de l'orgueil, de la terreur, de l'humilité,
de la piété; que, si on les dispose pour grimper,
1 te nte une escalade ; que, si on lui met en
mains quelque instrument de travail habituel,
il travaille. Il est clair que la position imposée
aux membres éveille dans les centres cérébraux
les états de conscience correspondants, auxquels
ils sont associés par de nombreuses répéti-
tions. L'idée une fois éveillée est dans les

8.

mêmes conditions que celle née d'un ordre ou d'une suggestion directe de l'opérateur. Tous ces cas sont donc réductibles à la même formule : l'hypnotisé est un automate que l'on fait jouer, suivant la nature de son organisation. Il y a anéantissement absolu de la volonté, la personnalité consciente étant réduite à un seul et unique état, qui n'est ni choisi ni répudié, mais subi, imposé.

Dans le somnambulisme naturel, l'automatisme est spontané, c'est-à-dire qu'il a pour antécédent quelque état cérébral qui a lui-même pour antécédent quelque excitation particulière dans l'organisme. Souvent ici, l'automatisme est d'un ordre supérieur : la série des états suscités est longue et chaque terme de la série est complexe. On peut en donner comme type le chanteur dont Mesnet a raconté l'histoire : si on lui présente une canne qu'il prend pour un fusil, ses souvenirs militaires ressuscitent ; il charge son arme, se couche à plat ventre, vise avec soin et tire. Si on lui présente un rouleau de papier, les souvenirs de son métier actuel ressuscitent ; il le déroule et chante à pleine voix [1]. Mais la répétition invariable des mêmes actes, dans le même ordre, dans chaque accès,

---

1. *De l'automatisme de la mémoire et du souvenir dans le somnambulisme pathologique.* Paris, 1874. Voir aussi P. Richer, ouv. cité, p. 391 et suiv.

donne à tous ces faits un caractère d'automatisme très net d'où toute volonté est exclue.

Il y a pourtant des cas équivoques. Burdach
nous parle d'une « très belle ode » composée en
état de somnambulisme. On a souvent cité l'histoire de cet abbé qui, composant un sermon,
corrigeait et remaniait ses phrases, changeait la
place des épithètes. Une autre personne essaye
plusieurs fois de se suicider et, à chaque accès,
emploie de nouveaux moyens. Les faits de ce
genre sont si nombreux que, même en faisant
la part de la crédulité et de l'exagération, une
fin de non recevoir est impossible.

On peut dire : De pareils actes supposent une
comparaison, suivie d'un choix, d'une préférence ; et c'est ce qu'on appelle une volition. Il
existerait donc un pouvoir volontaire, c'est-à-
dire une réaction propre de l'individu, — sourd,
obscur, limité, actif pourtant.

On peut soutenir aussi que l'automatisme à
lui seul suffit. N'est-ce pas une vérité reconnue
que, à l'état normal, le travail intellectuel est
souvent automatique et qu'il n'en vaut que
mieux ? Ce que les poètes appellent l'inspira-
tion, n'est-ce pas un travail cérébral, involontaire, presque inconscient, ou qui, du moins,
n'arrive à la conscience que sous la forme de
résultats ? Nous nous relisons, et nos corrections
sont souvent spontanées, c'est-à-dire que le

mouvement de la pensée amène une association
nouvelle de mots et d'idées qui se substitue à
l'autre immédiatement. Il se peut donc que
l'individu, comme être qui choisit et préfère,
n'y soit pour rien. En subtilisant davantage, on
peut soutenir que tous ces cas ne sont pas rigoureusement comparables ; que, si pour composer
une ode l'automatisme suffit, pour la corriger il
ne suffit pas ; que, dans ce dernier cas, il y a un
choix, si rapide, si insignifiant qu'on le suppose.
Au lieu d'un zéro de volonté, nous aurions un
minimum de volonté. Cette opinion se ramènerait à la première ou n'en serait séparée que par
une nuance.

Le lecteur choisira entre ces deux interprétations. Je passe à des cas où les données sont
plus nettes.

Il y a chez les hypnotisés des exemples nombreux de *résistance*. Un ordre n'est pas obéi,
une suggestion ne s'impose pas d'emblée. Les
magnétiseurs du siècle dernier recommandaient
à l'opérateur le ton d'autorité, à l'opéré la foi,
la confiance qui produit le consentement et
empêche la résistance.

« Pendant l'état de somnambulisme, B... ac-
complit sur l'ordre certains actes; mais elle se
refuse à d'autres. Le plus souvent, elle ne veut
pas lire, bien que nous nous soyons assurés
qu'elle y voit, malgré l'occlusion apparente

des paupières..... En plaçant les mains de B...
dans l'attitude de la prière, celle-ci s'impose à
son esprit. Aux-questions, elle répond qu'elle
prie la sainte Vierge, mais qu'elle ne la voit pas.
Tant que les mains demeurent dans la même
position, elle continue sa prière *et ne dissi-
mule pas son mécontentement* si l'on cherche
à l'en distraire. En déplaçant les mains, la
prière cesse aussitôt. Toute fatale qu'elle est,
la prière, dans ce cas, est en quelque sorte rai-
sonnée, puisque la malade résiste aux distrac-
tions et est capable de soutenir une discussion
avec celui qui vient l'interrompre [1]. »

L'un des sujets de M. Ch. Richet qui se laisse
sans aucune difficulté métamorphoser en offi-
cier, en matelot, etc., se refuse au contraire
avec larmes à être changé en prêtre : ce que le
caractère, les habitudes du sujet et le milieu
où il a vécu expliquent suffisamment.

Il se trouve donc des cas où deux états
coexistent : l'un par une influence du dehors,
l'autre par une influence du dedans. Nous
connaissons la puissance automatique du premier. Ici, un état contraire l'enraye ; il existe
quelque chose qui ressemble à un pouvoir
d'arrêt. Mais ce pouvoir est si faible qu'il
cède d'ordinaire à des attaques répétées, si

---

1. P. Richer, *Étude sur l'hystéro-épilepsie*, p. 426,427.

vague qu'on n'en peut déterminer la nature.
N'est-il qu'un état de conscience antagoniste
suscité par la suggestion même, en sorte que
tout se réduirait à la coexistence de deux états
contraires ? Est-il plus complexe, et faut-il
admettre qu'il représente la somme des tendances encore existantes dans l'individu et
quelques restes de ce qui constitue son caractère ? — Si l'on accepte la théorie de Heidenhain, on aurait, dans l'état dit léthargique, un
arrêt complet de l'activité fonctionnelle ; l'ordre
où la suggestion mettraient en jeu un nombre
infiniment restreint d'éléments nerveux, dans
la couche corticale ; enfin dans l'état de résistance surgiraient de leur sommeil quelques-uns
de ces éléments qui, à l'état normal, forment
la base physiologique et psychologique de l'individu, étant l'expression synthétique de son
organisme. Il faut avouer que, même en ad-
mettant cette deuxième hypothèse, ce qui resterait du pouvoir volontaire, de la possibilité
pour l'individu de réagir selon sa nature serait
un embryon, un pouvoir si dénué d'efficace
qu'on peut à peine l'appeler une volonté.

Remarquons de plus que, s'il est difficile
pour l'observateur de deviner quel pouvoir de
réaction persiste chez la personne qui résiste,
celle-ci en est encore plus mauvais juge :

« Une analyse attentive des phénomènes,

telle que peuvent la faire des hommes instruits
et intelligents, qui ont consenti à se soumettre
à l'action du magnétisme, montre combien il
est malaisé même au sujet endormi de se
rendre compte qu'il ne simule pas. Pour faire
ces observations, il ne faut pas que le sommeil
soit très profond... A la période d'*engourdissement*, la conscience est conservée, et cependant il y a un commencement d'automatisme
très manifeste.

« Un médecin de Breslau avait affirmé à
M. Heidenhain que le magnétisme ne ferait
aucune impression sur lui ; mais, après qu'il
eut été *engourdi*, il ne put prononcer une
seule parole. Réveillé, il déclara qu'il aurait
pu très bien parler et que, s'il n'avait rien dit,
c'est parce qu'il n'avait rien voulu dire. Nouvel
engourdissement par quelques passes ; nouvelle impuissance de la parole. On le réveille
encore, et il est forcé de reconnaître que, s'il
ne parlait pas, c'est qu'il ne pouvait pas parler.

« Un de mes amis, étant seulement engourdi
et non tout à fait endormi, a bien étudié ce
phénomène d'impuissance coïncidant avec l'illusion de la puissance. Lorsque je lui indique
un mouvement, il l'exécute toujours, même
lorsque, avant d'être magnétisé, il était parfaitement décidé à me résister. C'est ce qu'il a le
plus de peine à comprendre à son réveil. —

« Certainement, me dit-il, je pourrais résister,
« mais je n'ai pas la volonté de le faire. » Aussi
est-il quelquefois tenté de croire qu'il simule.
« Quand je suis engourdi, me dit-il, je simule
« l'automatisme, quoique je puisse, ce me
« semble, faire autrement. J'arrive avec la
« ferme volonté dé ne pas simuler, et, malgré
« moi, dès que le sommeil commence, il me
« paraît que je simule. » On comprendra que
ce genre de simulation d'un phénomène se con-
fond absolument avec la réalité de ce phénomène. L'automatisme est prouvé par le seul fait
que des personnes de bonne foi ne peuvent pas
agir autrement que des automates. Peu importe
qu'elles s'imaginent pouvoir résister. Elles ne
résistent pas. Voilà le fait qui doit être pris en
considération et non l'illusion qu'elles se font
de leur soi-disant pouvoir de résistance [1]. »

Cependant ce pouvoir de résistance, si faible
qu'il soit, n'est pas égal à zéro ; il est une dernière survivance de la réaction individuelle extrêmement appauvrie : il est au seuil de l'anéantissement, mais sans le dépasser. L'illusion de ce
faible pouvoir d'arrêt doit répondre à quelque état
physiologique également précaire. En somme,
l'état de somnambulisme naturel ou provoqué
peut être donné à juste titre comme un anéantis-

---

1. Ch. Richet, art. cité, p. 348, 349

sement de la volonté. Les cas d'exceptions sont rares, obscurs ; ils apportent toutefois leur part d'enseignement. Ils montrent une fois de plus que la volition n'est pas une quantité invariable, mais qu'elle décroît au point qu'on peut également soutenir qu'elle est et qu'elle n'est pas.

Je mentionnerai en passant un fait qui rentre à peine dans la pathologie de la volonté, mais qui fournit matière à réflexion. On peut donner à certains sujets hypnotisés l'ordre d'exécuter une action, plus tard, à un moment déterminé de la journée ou même à une date plus éloignée (dans huit, dix jours). Revenus à eux, ils exécutent cet ordre à l'heure prescrite, au jour prescrit, en déclarant d'ordinaire « qu'ils ne savent pas pourquoi ». Dans quelques cas plus curieux, ces personnes *donnent des raisons spécieuses pour expliquer leur conduite,* pour justifier cet acte qui ne vient pas de leur spontanéité, mais leur est imposé, sans qu'elles le sachent. Pour en citer un exemple que je connais : Un jeune homme commande vers dix heures du soir à sa maîtresse hypnotisée de s'en aller à trois heures du matin ; puis il la rend à l'état normal. Vers cette heure, elle s'éveille, fait ses préparatifs pour partir et, quoiqu'il la prie de rester, elle trouve des motifs pour excuser et justifier son départ à cette heure indue.

« Notre illusion du libre arbitre, dit Spinoza, n'est que l'ignorance des motifs qui nous font agir. » Ce fait et ses analogues ne viennent-ils pas à l'appui? [1]

1. On trouvera plusieurs cas de ce genre dans l'article précité de M. Ch. Richet, *Revue philosophique*, mars 1883, p. 238.

CHAPITRE VI

CONCLUSION

I

Après avoir examiné les divers types morbides, voyons si l'on peut découvrir une loi qui résume la pathologie de la volonté et jette quelque jour sur l'état normal.

A titre de fait, la volition seule existe, c'est-à-dire un choix suivi d'actes. Pour qu'elle se produise, certaines conditions sont nécessaires. Un manque d'impulsion ou d'arrêt, une exagération de l'activité automatique, d'une tendance, d'un désir, une idée fixe, l'empêchent d'être pendant un instant, une heure, un jour, une période de la vie. L'ensemble de ces conditions, nécessaires et suffisantes, peut être appelé volonté. Par rapport aux volitions, elle est une cause, bien qu'elle soit elle-même une somme d'effets, une résultante variant avec ses éléments : la pathologie nous l'a démontré.

Ces éléments que j'indique brièvement sont :

1° Les tendances à l'action (ou à l'arrêt) qui résultent des circonstances, du milieu, des conseils, de l'éducation ; en un mot, tous ceux qui sont l'effet de causes extérieures.

2° Le caractère, élément principal, effet de causes intérieures et qui n'est pas une entité, mais la résultante de cette myriade d'états et de tendances infiniment petits de tous les éléments anatomiques qui constituent un certain organisme : en termes plus courts, le caractère est pour nous l'expression psychologique d'un certain corps organisé, tirant de lui sa couleur propre, son ton particulier et sa permanence relative. C'est là l'assise dernière sur laquelle repose la possibilité du vouloir et qui le fait énergique, mou, intermittent, banal, extraordinaire.

Maintenant, si nous considérons la volonté non plus dans ses éléments constituants, mais dans les moments qu'elle parcourt pour se constituer, nous voyons que la volition est le dernier terme d'une évolution progressive dont le réflexe simple est le premier échelon : elle est la forme la plus haute de l'activité, — entendue toujours au sens précis de pouvoir de produire des actes, de pouvoir de réaction.

Elle a pour base un legs de générations sans nombre, enregistré dans l'organisme : c'est l'activité automatique primitive, à coordination simple, presque invariable, inconsciente, bien qu'elle ait dû, dans le lointain des siècles, être accompagnée d'un rudiment de conscience qui s'en est retirée, à mesure que la coordination, devenant plus parfaite, s'est organisée dans l'espèce.

Sur cette base s'appuie l'activité consciente et individuelle des appétits, désirs, sentiments, passions, à coordination plus complexe et beaucoup moins stable.

Plus haut, l'activité idéo-motrice, qui, dans ses manifestations extrêmes, atteint une coordination à la fois très ferme et très complexe, c'est la volition complète.

On peut donc dire qu'elle a pour condition fondamentale une *coordination hiérarchique*, c'est-à-dire qu'il ne suffit pas que des réflexes soient coordonnés avec des réflexes, des désirs avec des désirs, des tendances rationnelles avec des tendances rationnelles; mais qu'une coordination entre ces différents groupes est nécessaire, — une coordination avec subordination, telle que tout converge vers un point unique : le but à atteindre. Que le lecteur se rappelle les cas morbides précédemment étudiés, en particulier les impulsions irrésistibles qui, à elles seules, représentent la pathologie de la volonté presque entière, il reconnaîtra que toutes se réduisent à cette formule : absence de coordination hiérarchique, action indépendante, irrégulière, isolée, anarchique.

Si donc nous considérons la volonté soit dans ses éléments constituants, soit dans les phases successives de sa genèse (et les deux aspects sont inséparables), nous voyons que la volition, son·résultat dernier, n'est pas un événement survenant on ne sait d'où, mais qu'elle plonge ses racines au plus profond de l'individu et, au delà de l'individu, dans l'espèce et les espèces. Elle ne vient pas d'en haut, mais d'en bas; elle est une sublimation des éléments inférieurs. Je comparerais la volition, une fois affirmée, à ce que l'on appelle en architecture une clef de voûte. A cette pierre, la voûte doit plus que sa solidité, — son existence; mais cette pierre ne tire sa puissance que des autres qui la soutiennent et l'enserrent, comme à son tour elle les presse et les affermit.

Ces préliminaires bien abrégés étaient indispensables pour comprendre la loi qui régit la dissolution de la volonté; car, si les considérations qui précèdent sont justes, comme la dissolution suit toujours l'ordre inverse de l'évolution, il s'ensuit que les manifestations volontaires les plus complexes doivent disparaître avant les plus simples, les plus simples avant l'automatisme. Pour donner à l'énoncé de la loi sa forme exacte, en traitant la volition non comme un événement singulier, mais comme la manifestation la plus haute de l'activité, nous dirons : *La dissolution suit une marche régressive du plus volontaire et du plus complexe au moins volontaire et au plus simple, c'est-à-dire à l'automatisme.*

Il s'agit maintenant de montrer que cette loi est vérifiée par les faits. Nous n'avons qu'à choisir.

En 1868, Hughlings Jackson, étudiant certains désordres du système nerveux, fit remarquer, le premier, je crois, « que les mouvements et facultés les plus volontaires et les plus spéciaux sont atteints tout d'abord et plus que les autres [1]. » Ce « principe de dissolution » ou « de réduction à un état plus automatique » fut posé par lui comme le corrélatif des doctrines de Herbert Spencer sur l'évolution du système nerveux. Il prend un cas des plus simples, l'hémiplégie commune par lésion du corps strié. Un caillot sanguin a fait pour nous une expérience. Nous voyons que le patient, dont la face, la langue, le bras et la jambe sont paralysés, a perdu les mouvements les plus volontaires d'une partie de son corps, sans perdre les mouvements les plus automatiques. « L'étude des cas d'hémiplégie nous montre en effet que les parties

1. *Clinical and physiological Researches on the nervous System*, London, in-8°, 1875.

externes qui souffrent le plus sont celles qui,
psychologiquement parlant, sont le plus sous
le commandement de la volonté, et qui, physiologiquement parlant , impliquent le plus
grand nombre de mouvements différents, produits avec le plus grand nombre d'intervalles
différents, » au lieu d'être simultanés comme les
mouvements automatiques. Si la lésion est plus
grave et si elle atteint non seulement les parties
les plus volontaires du corps (face, bras, jambe),
mais celles qui sont moins volontaires (perte de
certains mouvements des yeux et de la tête et
d'un côté de la poitrine), on trouve que les parties les plus volontaires sont beaucoup plus
paralysées que les autres.

Ferrier fait remarquer [1] de même que la des-
truction générale de la région motrice, dans
l'écorce du cerveau, comme celle du corps strié,
produit « les mêmes troubles relatifs des différents mouvements , ceux-là étant le plus affectés
et paralysés qui sont le plus sous l'influence de
la volonté, du moins après que le premier choc
est passé. La paralysie faciale réside surtout
dans la région faciale inférieure, portant sur les
mouvements les plus indépendants, le frontal et
les muscles orbiculaires n'étant que légère-
ment atteints. Les mouvements de la jambe

---

1. Ferrier, *De la localisation des maladies cérébrales*, trad. fr.,
p. 142.

sont moins affectés que ceux du bras, ceux du bras moins que ceux de la main. »

Le même auteur établissant une distinction entre les différentes *sortes* de mouvements et leurs centres respectifs, « ceux qui impliquent la conscience et que nous appelons volontaires au sens strict du mot » (les centres corticaux supérieurs) et ceux « qui sont décrits comme automatiques, instinctifs, responsifs, y compris les adaptations motrices de l'équilibre et de la coordination motrice, l'expression instinctive des émotions, et qui sont organisés d'une manière plus ou moins complète dans les centres sous-jacents à l'écorce, » constate que ces derniers ont une indépendance relative qui est au maximum chez les vertébrés inférieurs (grenouille, pigeon), au minimum chez le singe et l'homme. « J'osai prédire, ajoute-t-il, que, chez les animaux dont les facultés motrices ne semblaient pas beaucoup souffrir d'une lésion destructive des centres nerveux, ces mouvements-là devaient être paralysés qui impliquent la conscience (mouvements volontaires) et n'étaient pas automatiquement organisés. C'est ce qu'ont amplement confirmé les recherches de Goltz. Il a montré que, bien que la patte du chien ne soit pas définitivement paralysée en tant que organe de locomotion, par une lésion de l'écorce, elle l'est, *en tant que servant de*

9.

main et employée comme telle [1]. Cette dernière expérience est pour nous du plus grand intérêt : elle nous montre que, dans un même organe, adapté à la fois à la locomotion et à la préhension, l'une persiste, bien que altérée, quand l'autre, la plus délicate, a disparu.

L'instabilité de l'action volontaire, complexe, supérieure (c'est tout un) par rapport à l'action automatique, simple, inférieure, se montre encore sous une forme *progressive* dans la paralysie générale des aliénés. « Les premières imperfections de la motilité, dit Foville, celles qui se traduisent par un défaut à peine commençant dans l'harmonie des contractions musculaires, sont d'autant plus appréciables qu'elles intéressent des mouvements plus délicats, qui exigent une précision et une perfection plus grandes dans leur accomplissement. Il n'est donc pas étonnant qu'elles se traduisent d'*abord* dans les opérations musculaires si délicates qui concourent à la phonation. » On sait que l'em-

---

1. Ferrier, p. 36, 37. Dans l'expérience de Goltz, si la lésion est faite au cerveau gauche, dans tout mouvement où le chien a coutume de se servir de la patte antérieure en guise de *main*, l néglige l'usage de la patte droite. C'est ainsi qu'il tiendra un os uniquement avec la patte antérieure gauche; c'est cette patte seulement qu'il emploiera pour fouiller le sol ou atteindre sa blessure. Si l'on a dressé l'animal à donner la patte au commandement, après la mutilation, il ne donnera plus que la patte gauche, tandis qu'il tiendra sa patte droite comme rivée au sol. (Goltz, ap. *Dict. encycl. des sciences médicales*, art. Nerveux, p. 588.)

barras de la parole est un des premiers symptômes de cette maladie. Si faible, au début,
qu'une oreille exercée est seule capable de le
saisir, le trouble de la prononciation augmente
progressivement et aboutit à un bredouillement
inintelligible :

« Les muscles qui contribuent à l'articulation
ont perdu toute leur harmonie d'action ; ils ne
peuvent plus se contracter qu'avec effort ; la
parole est devenue méconnaissable.

« Dans les membres, les lésions de la motilité
n'affectent d'abord que les mouvements qui
comportent le plus de minutie et de précision.
Le malade peut faire de grandes marches et se
servir de ses bras, pour des travaux qui n'exigent que des mouvements d'ensemble ; mais il
ne peut plus exécuter de petites opérations délicates des doigts, sans trembler un peu, et sans s'y
reprendre à plusieurs fois : on s'en aperçoit surtout si on lui dit de ramasser une épingle à terre,
de remonter sa montre, etc. Les artisans habi-
tués, par leur métier, à des travaux de précision,
sont hors d'état de s'occuper, bien avant ceux
qui n'ont que des tâches grossières à remplir. —
Lorsqu'il s'agit d'écrire, la plume est tenue avec
une indécision qui se traduit par une irrégula-
rité plus ou moins prononcée des caractères tra-
cés. Plus la maladie avance dans sa marche,
plus l'écriture devient tremblante et défigurée ;

de sorte que, en comparant une série de lettres écrites à des époques différentes, on peut suivre les progrès successifs de l'affection, jusqu'à ce que le malade soit devenu incapable d'écrire.

« Plus tard, l'indécision des membres supérieurs existe même dans les mouvements d'ensemble : le tremblement, l'affaiblissement empêchent le malade de porter directement ses aliments à sa bouche, de tirer son mouchoir, de le remettre dans sa poche, etc.

« Dans les membres inférieurs, la progression est analogue : au début, les aliénés paralytiques marchent avec vigueur, allant droit devant eux; mais, s'il s'agit d'aller à droite ou à gauche et surtout de pivoter sur eux-mêmes pour revenir sur leur pas, l'hésitation et le défaut de précision se laissent apercevoir. Puis, même en marchant devant eux, ils avancent d'un pas pesant, mal coordonné. Plus tard enfin, ils ont peine à faire quelques pas [1]. »

Rappelons encore les troubles de la motilité qui succèdent à l'abus de l'alcool. Le tremblement est un des phénomènes les plus précoces. « Les mains sont les premières parties affectées, puis les bras, les jambes, la langue et les lèvres. A mesure qu'il s'accroît, le tremblement se complique en général d'un autre désordre plus

---

1. Foville *Dictionnaire de médecine, etc.*, art. PARALYSIE GÉNÉRALE, p. 97-99

grave, l'affaiblissement musculaire. Il affecte d'abord les membres *supérieurs;* c'est là un caractère presque constant. Les doigts deviennent inhabiles, maladroits; la main serre mal les objets et les laisse échapper. Puis cette faiblesse gagne l'avant-bras et le bras; le malade ne peut alors se servir de ses membres supérieurs que d'une manière très incomplète; il en arrive à ne plus pouvoir manger seul. Plus tard, ces phénomènes s'étendent aux membres *inférieurs;* la station devient difficile; la marche est incertaine, titubante; puis tout cela va croissant. Les muscles du dos se prennent à leur tour..... et le malheureux paralytique est condamné à garder le lit [1]. »

Nous pourrions rapporter encore ce qui se passe dans les convulsions, la chorée, etc. Cette marche, qui n'a pour le médecin qu'un intérêt clinique, a pour nous un intérêt psychologique. Ces faits, d'expérience journalière, suffiront, je l'espère, à produire la conviction, à montrer que la loi de dissolution suit bien une marche du complexe au simple, du volontaire à l'automatique, que le dernier terme de l'évolution est le premier de la dissolution. Nous n'avons étudié jusqu'ici, il est vrai, qu'une désorganisation des mouvements; mais ceux qui traitent la psycho-

---

1. Fournier, *ibid.*, art. ALCOOLISME, p. 636,637.

logie en science naturelle n'y trouveront rien à
redire. Comme la volition n'est pas pour nous
une entité impérative, régnant dans un monde
à part et distincte de ses actes, mais bien l'expression dernière d'une coordination hiérarchique, et comme chaque mouvement ou
groupe de mouvements est représenté dans les
centres nerveux, il est clair que, avec chaque
groupe paralysé, un élément de la coordination
disparaît. Si la dissolution est progressive, la
coordination sans cesse appauvrie de quelque
élément ira toujours en se resserrant; et, comme
l'expérience montre que la disparition des mouvements est en raison directe de leur complexité
et de leur délicatesse, notre thèse est vérifiée.

Nous pouvons d'ailleurs poursuivre cette vérification de notre loi, en rappelant ce qui se
passe dans les maladies du langage, et ici nous
pénétrons dans le mécanisme intime de l'esprit.
Je ne reviendrai pas sur un sujet que j'ai longuement traité [1]. J'ai essayé de montrer que
beaucoup de cas d'aphasie résultent d'une
amnésie motrice, c'est-à-dire d'un oubli des
éléments moteurs, de ces mouvements qui constituent le langage articulé. Je rappellerai que
Trousseau avait déjà remarqué que « l'aphasie
est toujours réductible à une perte de la mé-

---

1. Voir *les Maladies de la Mémoire*, p. 119 et suivantes.

moire soit des signes vocaux, soit des moyens
par lesquels les mots sont articulés; que W. Ogle
distingue aussi deux mémoires verbales : une
première, reconnue de tout le monde, grâce à
laquelle nous avons conscience du mot, et en
outre une seconde, grâce à laquelle nous l'expri-
mons. » Cet oubli des mouvements, bien qu'il
soit avant tout une maladie de la mémoire, nous
révèle aussi un affaiblissement du pouvoir moteur, un désordre de la coordination volontaire.
Le malade veut s'exprimer; sa volition n'aboutit
pas ou se traduit incomplètement, c'est-à-dire
que la somme des tendances coordonnées qui,
au moment actuel, constituent l'individu en
tant qu'il veut s'exprimer, est partiellement
entravée dans son passage à l'acte; et l'expérience nous apprend que cette impuissance
d'expression atteint d'abord les mots, c'est-à-
dire le langage rationnel; ensuite les phrases
exclamatives, les interjections, ce que Max Müller
désigne sous le nom de langage émotionnel;
enfin, dans des cas très rares, les gestes. La
dissolution va donc encore ici du plus complexe
au moins complexe et au simple, du volontaire
au demi-volontaire et à l'automatique, qui est
presque toujours respecté.

Il est permis d'entrer encore plus avant dans
la vie purement psychique; mais ici tout devient vague et flottant. Comme nous ne pou-

vons plus rattacher chaque volition à un groupe
de mouvements des organes vocaux, locomo-
teurs ou préhensiles, nous tâtonnons. Cependant il est impossible de ne pas remarquer que
la forme la plus haute de la volition, l'attention
volontaire, est, entre toutes, la plus rare et la
plus instable. Si, au lieu de considérer l'attention volontaire [1] à la façon du psychologue intérieur qui s'étudie lui-même et s'en tient là,
nous la considérons dans la masse des êtres
humains sains et adultes, pour déterminer par
à peu près quelle place elle tient dans leur vie
mentale, nous verrons combien peu de fois elle
se produit et pour quelle courte durée. Si l'on
pouvait, dans l'humanité prise en bloc, pendant
une période de temps donnée, comparer la
somme des actes produits par l'attention volontaire et la somme des actes produits sans elle,
le rapport serait presque de zéro à l'infini. En
raison même de sa supériorité de nature et de
son extrême complexité, c'est un état, une
coordination [2] qui peut rarement naître et qui
à peine née est toujours en voie de dissolution.

1. Il ne s'agit pas, bien entendu, de l'attention involontaire,
qui est naturelle, spontanée ; nous nous sommes d'ailleurs
précédemment expliqué sur ce point (voy. p. 101 et suiv.).

2. De même que des groupes de mouvements simples doivent
être organisés et coordonnés pour permettre cette coordination
supérieure d'où naissent les mouvements délicats et complexes,
de même des groupes d'états de conscience simples doivent être
organisés, associés et coordonnés pour permettre cette coordination supérieure, qui est l'attention.

Pour nous en tenir aux faits positifs, n'est-il pas bien connu que l'impossibilité d'une attention soutenue est l'un des premiers symptômes de tout affaiblissement de l'esprit, soit temporaire, comme dans la fièvre, soit permanent, comme dans la folie? La forme de coordination la plus haute est donc bien la plus instable, même dans l'ordre purement psychologique.

Cette loi de dissolution, qu'est-elle d'ailleurs, sinon un cas de cette grande loi biologique déjà signalée à propos de la mémoire : les fonctions nées les dernières sont les premières à dégénérer. Dans l'individu, la coordination automatique précède la coordination née des désirs et des passions, qui précède elle-même la coordination volontaire, dont les formes les plus simples précèdent les plus complexes. Dans le développement des espèces (si l'on admet la théorie de l'évolution), pendant des siècles, les formes inférieures de l'activité existèrent seules; puis, avec la complexité croissante des coordinations, un temps vint où la volonté fut. Le retour au règne des impulsions, de quelques brillantes qualités d'esprit qu'il s'accompagne, est donc en lui-même une *régression*. A cet égard, le passage suivant de Herbert Spencer nous servira de résumé et de conclusion sur ce point : « Chez les personnes affectées de troubles nerveux chroniques, dont le sang détérioré et tarissant ne suffit plus à entretenir l'activité nécessaire des transformations moléculaires... l'irascibilité est pour tout le monde un objet de remarque : et l'irascibilité implique une inactivité relative des éléments supérieurs. Elle se produit, quand une décharge soudaine transmise, par une souffrance ou une contrariété, aux plexus qui ajustent la conduite à des actions pénibles ou désagréables, n'est pas accompagnée par une décharge qui parvienne à ces plexus où l'action est adaptée à un grand nombre de circonstances, au lieu de l'être à une seule. Que l'insuffisante production de l'afflux nerveux rende compte de la perte de l'équilibre dans les émotions, c'est un corollaire de ce qui a été déjà dit. Les plexus qui coordonnent les activités défensives et destructives, et dans lesquels ont leur siège les sentiments simultanés d'antagonisme et de colère, sont un héritage de toutes les races d'êtres antérieurs et sont par conséquent bien organisés, — si bien organisés que l'enfant sur les bras de sa mère nous les montre déjà en action. Mais les plexus qui, en liant et en coordonnant une grande variété de plexus inférieurs, adaptent la conduite à une grande variété d'exigences extérieures, n'ont été développés que depuis peu; si bien que, outre qu'ils sont étendus et complexes, ils sont formés de canaux beaucoup moins perméables. Par conséquent, quand le système nerveux n'est pas à l'état de plénitude, ces appareils venus les derniers, et les plus élevés de tous, sont les premiers dont l'activité fasse défaut. Au lieu d'entrer en action instantanément, leurs effets, s'ils sont appréciables, arrivent trop tard pour lutter contre ceux des appareils subordonnés [1]. »

II

Après avoir suivi pas à pas la dissolution de la volonté, le résultat fondamental qui nous a paru en ressortir, c'est qu'elle est en coordination variable en complexité et en degrés; que cette coordination est la condition d'existence de toute volition, et que, selon qu'elle est totalement ou partiellement détruite, la volition est anéantie ou mutilée. C'est sur ce résultat que nous voudrions maintenant insister, en nous bornant à de brèves indications sur quelques points, notre but n'étant pas d'écrire une monographie de la volonté.

I. Examinons d'abord les conditions matérielles de cette coordination. La volonté, qui, chez quelques privilégiés, atteint une puissance si extraordinaire et fait de si grandes choses, a une origine très humble. Elle se trouve dans cette propriété biologique inhérente à toute

1. Herbert Spencer, *Principes de psychologie*, tome I, p. 262.

matière vivante et qu'on nomme l'irritabilité, c'est-à-dire la réaction contre les forces extérieures. L'irritabilité — forme physiologique de loi d'inertie — est en quelque sorte un état d'indifférenciation primordiale d'où sortiront, par une différenciation ultérieure, la sensibilité proprement dite et la motilité, ces deux grandes bases de la vie psychique.

Rappelons que la motilité (qui seule nous intéresse ici) se manifeste, même dans le règne végétal, sous des formes diverses : par les mouvements de certaines spores, de la sensitive, de la dionée et beaucoup d'autres plantes auxquels Darwin a consacré un ouvrage très connu. — La masse protoplasmatique, d'apparence homogène, qui compose à elle seule certains êtres rudimentaires, est douée de motilité. L'amibe, le globule blanc du sang, à l'aide des expansions qu'ils émettent, cheminent peu à peu. Ces faits, qu'on trouvera décrits avec abondance dans les ouvrages spéciaux, nous montrent que la motilité apparaît bien avant les muscles et le système nerveux, si rudimentaires qu'ils soient.

Nous n'avons pas à suivre l'évolution de ces deux appareils de perfectionnement à travers la série animale. Notons seulement que les travaux sur la localisation des centres moteurs, si importants pour le mécanisme de la volonté, ont conduit quelques savants à étudier l'état de ces centres chez les nouveau-nés. « Cette recherche, faite avec grand soin par Soltmann, en 1875, a fourni les résultats suivants : Chez les lapins et les chiens, il n'existe, aussitôt après la naissance, aucun point de l'écorce cérébrale dont l'irritation électrique soit capable de déterminer des mouvements. C'est seulement au dixième jour que se développent les centres des membres antérieurs. Au treizième jour apparaissent les centres des membres postérieurs. Au seizième, ces centres sont déjà bien distincts entre eux et de ceux de la face. Une conclusion à tirer de ces résultats, c'est que l'absence de direction motrice volontaire coïncide avec l'absence des organes appropriés et que, à mesure que l'animal devient plus maître de ses mouvements, les centres cérébraux dans lesquels se fait l'élaboration volontaire acquièrent une indépendance plus manifeste [1]. »

Flechsig et Parrot ont étudié le développement de l'encéphale chez le fœtus et l'enfant. Il résulte des recherches de ce dernier [2] que, si l'on suit le développement de la substance blanche d'un hémisphère tout entier, on la voit s'élever successivement du pédoncule à la couche optique, puis à la capsule interne, au centre

---

1. *Dictionnaire encycl. des sciences médicales*, François-Franck, art. Nerveux, p. 585.

2. *Archives de physiologie*, 1879, p. 505-520.

hémisphérique et finalement atteindre le manteau cérébral. Les parties dont le développement est le plus lent ont aussi la destination fonctionnelle la plus haute.

La période de formation terminée, le mécanisme de l'action volontaire paraît constitué comme il suit : l'incitation part des régions dites motrices de la couche corticale (région pariéto-frontale), suit le faisceau pyramidal, nommé *volontaire* par quelques auteurs. Ce faisceau, qui consiste dans le groupement de toutes les fibres partant des circonvolutions motrices, descend à travers le centre ovale, forme une petite partie de la capsule interne, qui, on le sait, pénètre dans le corps strié « comme un coin dans un morceau de bois ». Ce faisceau suit le pédoncule cérébral et le bulbe, où il subit une décussation plus ou moins complète, et passe du côté opposé de la moelle épinière, constituant ainsi une grande commissure entre les circonvolutions motrices et la substance grise de la moelle, d'où sortent les nerfs moteurs [1]. Cette grossière esquisse donne quelque idée de la complexité des éléments requis pour l'action volontaire et de la solidarité intime qui les relie.

---

1. Huguenin, *Anatomie des centres nerveux*, trad. Keller. — Brissaud, *De la contracture permanente des hémiplégiques*, 1880, p. 9 et suiv.

Il y a, malheureusement, des divergences d'interprétation sur la nature réelle des centres cérébraux d'où part l'incitation. Pour Ferrier et beaucoup d'autres, ce sont des centres moteurs, au sens strict, c'est-à-dire qu'en eux et par eux le mouvement commence. Schiff, Hitzig et Nothnagel, Charlton Bastian, Munk ont donné d'autres interprétations qui ne sont ni également probables ni également claires. Elles se réduisent pourtant, en gros, à considérer ces centres comme étant plutôt de « nature sensitive », le rôle moteur proprement dit restant dévolu au corps strié. « Les fibres nerveuses qui descendent de l'écorce corticale au corps strié, chez les animaux supérieurs et chez l'homme, seraient par leur nature strictement comparables aux fibres unissant la cellule « sensitive » et la cellule « motrice » dans un mécanisme ordinaire d'action réflexe [1]. » En d'autres termes, il existerait dans l'écorce cérébrale « des régions circonscrites dont l'excitation expérimentale produit dans le côté opposé du corps des mouvements déterminés, localisés. Ces points semblent bien plutôt devoir être considérés comme des centres d'*association volontaire* que comme des centres moteurs proprement dits. Ils seraient le siège d'incitations aux mouve-

[1]. Charlton Bastian, *Le cerveau, organe de la pensée*, tome II, p. 198.

ments volontaires et non les points de départ véritables du mouvement. On pourrait plutôt les assimiler aux organes sensibles périphériques qu'aux appareils moteurs des cornes antérieures de la moelle... Ces centres seraient donc *psycho-moteurs*, parce qu'ils commandent par leur action toute psychique à de véritables appareils moteurs......... Nous pensons que les différents points indiqués comme centres moteurs des membres, de la face, etc., correspondent aux appareils qui reçoivent et transforment en incitation *volontaire* les sensations d'origine périphérique. Ce serait des centres volitifs et non de véritables centres moteurs [1]. »

Malgré cette question pendante, dont la solution intéresse la psychologie au moins autant que la physiologie, malgré les dissentiments de détail que nous avons négligés, notamment les incertitudes sur le rôle du cervelet, on peut dire avec Charlton Bastian que, si depuis le temps de Hume nous n'avons pas encore appris, dans le sens complet du terme, les moyens par lesquels les mouvements de notre corps suivent les commandements de notre volonté, nous avons du moins appris quelque chose sur les parties principalement intéressées et par conséquent sur la route que suivent les excitations volontaires.

1. François Franck, *loc. cit.*, p. 577, 578.

II. En examinant la question par son côté psychologique, la coordination volontaire revêt tant de formes et est susceptible de tant de degrés, qu'il faut se borner à en noter les principales étapes. Il serait naturel de commencer par le plus bas ; mais je crois utile, pour des raisons de clarté, de suivre l'ordre inverse.

La coordination la plus parfaite est celle des plus hautes volontés, des grands actifs, quel que soit l'ordre de leur activité : César, ou Michel-Ange, ou saint Vincent de Paul. Elle se résume en quelques mots : unité, stabilité, puissance. L'unité extérieure de leur vie est dans l'unité de leur but, toujours poursuivi, créant au gré des circonstances des coordinations et adaptations nouvelles. Mais cette unité extérieure n'est elle-même que l'expression d'une unité intérieure, celle de leur caractère. C'est parce qu'ils restent les mêmes que leur but reste le même. Leur fond est une passion puissante, inextinguible, qui met les idées à son service. Cette passion, c'est eux, c'est l'expression psychique de leur constitution telle que la nature l'a faite. Aussi comme tout ce qui sort de cette coordination reste dans l'ombre, inefficace, stérile, oublié, semblable à une végétation parasite! Ils offrent le type d'une vie toujours d'accord avec elle-même, parce que chez eux tout conspire, converge et consent. Même dans la vie ordinaire, ces caractères se rencontrent, sans faire parler d'eux, parce que l'élévation du but, les circonstances et surtout la puissance de la passion leur ont manqué; ils n'en ont gardé que la stabilité. — Sous une autre forme, les grands stoïciens historiques, Epictète, Thraséas (je ne parle pas de leur Sage, qui n'est qu'un idéal abstrait), ont réalisé ce type supérieur de volonté sous sa forme négative, — l'arrêt, — conformément à la maxime de l'Ecole : Supporte et abstiens-toi.

Au dessous de cette coordination parfaite, il y a les vies traversées d'intermittence, dont le centre de gravité, ordinairement stable, oscille pourtant de temps en temps. Un groupe de tendances fait une sécession temporaire à action limitée, exprimant, tant qu'elles existent et agissent, un côté du caractère. Ni pour eux ni pour les autres, ces individus n'ont l'unité des grandes volontés, et plus ces infractions à la coordination parfaite sont fréquentes et de nature complexe, plus la puissance volontaire diminue. Dans la réalité, tous ces degrés se rencontrent.

En descendant toujours, nous arrivons à ces vies en partie double, dans lesquelles deux tendances contraires ou simplement différentes l'emportent tour à tour. Il y a dans l'individu deux centres de gravité alternatifs, deux points de convergence pour des coordinations succes-

sivement prépondérantes, mais partielles. A tout
prendre, c'est là peut-être le type le plus commun, si l'on regarde autour de soi et si l'on
consulte les poètes et les moralistes de tous les
temps, répétant à l'envi qu'il y a deux hommes
en nous. Le nombre de ces coordinations successives peut être encore plus grand; mais il
serait oiseux de poursuivre cette analyse.

Encore un pas, et nous entrons dans la pathologie. Rappelons les impulsions brusques, irrésistibles, qui tiennent à chaque instant la volonté en échec; c'est une tendance hypertro-
phiée qui rompt sans cesse l'équilibre, à qui son
intensité ne permet plus de se coordonner avec
les autres : elle sort des rangs, elle ordonne au
lieu de se subordonner. Puis quand ces impulsions ne sont plus un accident mais une habitude, un côté du caractère mais le caractère, il
n'y a plus que des coordinations intermittentes;
c'est la volonté qui devient l'exception.

Plus bas encore, elle devient un simple accident. Dans la succession indéfinie des impulsions qui varient d'une minute à l'autre, une volition précaire trouve à peine de loin en loin ses
conditions d'existence. Il n'y a plus que des caprices. Le caractère hystérique nous a fourni le
type de cette *incoordination* parfaite. Nous
voici donc à l'autre bout.

Au-dessous, il n'y a plus de maladies de la volonté, mais un arrêt de développement qui l'empêche de jamais naître. Tel est l'état des idiots et des faibles d'esprit. Nous en dirons ici quelques mots, pour compléter notre étude pathologique.

« Dans l'idiotie profonde, dit Griesinger, les efforts et les déterminations sont toujours instinctifs; ils sont provoqués surtout par le besoin de nourriture; le plus souvent, ils ont le caractère d'actions réflexes dont l'individu a à peine conscience. Certaines idées simples peuvent encore provoquer des efforts et des mouvements, par exemple, de jouer avec de petits morceaux de papier... Sans parler de ceux qui sont plongés dans l'idiotie la plus profonde, on en est à se demander : Y a-t-il en eux quelque chose qui représente la volonté ? Qu'est-ce qui peut vouloir en eux ?

« Chez beaucoup d'idiots de cette dernière classe, la seule chose qui paraisse mettre un peu leur esprit en mouvement, c'est le désir de manger. Les idiots les plus profonds ne manifestent ce besoin que par de l'agitation et des grognements. Ceux chez qui la dégénérescence est moins profonde remuent un peu les lèvres et les mains, ou bien pleurent: c'est ainsi qu'ils expriment qu'ils veulent manger...

« Dans l'idiotie légère, le fond du caractère est l'inconstance et l'obtusion du sentiment et la

faiblesse de la volonté. L'humeur de ces individus dépend de leur entourage et des traitements
dont ils sont l'objet : dociles et obéissants quand
on en prend soin, méchants et malicieux quand
on les maltraite [1]. »

Avant d'en finir avec ce sujet, nous ferons
encore remarquer que si la volonté est une coordination, c'est-à-dire une somme de rapports,
on peut prédire *à priori* qu'elle se produira
beaucoup plus rarement que les formes plus
simples d'activité, parce qu'un état complexe a
beaucoup moins de chances de se produire et de
durer qu'un état simple. Ainsi vont les choses
en réalité. Si l'on compte dans chaque vie humaine ce qui doit être inscrit au compte de l'automatisme, de l'habitude, des passions et surtout de l'imitation, on verra que le nombre des
actes purement volontaires, au sens strict du
mot, est bien petit. Pour la plupart des hommes,
l'imitation suffit; ils se contentent de ce qui *a
été* de la volonté chez d'autres, et, comme ils
pensent avec les idées de tout le monde, ils agissent avec la volonté de tout le monde. Prise
entre les habitudes qui la rendent inutiles et les
maladies qui la mutilent ou la détruisent, la volonté est, ainsi que nous l'avons dit plus haut,
un accident heureux.

1. Griesinger, *Traité des maladies mentales*, trad. française,
p. 433, 434.

Est-il enfin nécessaire de faire remarquer combien cette coordination à complexité croissante des tendances, qui forme les étages de la volonté, est semblable à la coordination à complexité croissante des perceptions et des images, qui constitue les divers degrés de l'intelligence, l'une ayant pour base et condition fondamentale le caractère, l'autre pour base et condition fondamentale les « formes de la pensée »; toutes deux étant une adaptation plus ou moins complète de l'être à son milieu, dans l'ordre de l'action ou dans l'ordre de la connaissance?

Nous sommes maintenant préparés à la conclusion générale de ce travail, indiquée déjà plusieurs fois en passant. Elle éclairera, je l'espère, d'un jour rétrospectif, le chemin parcouru. La voici :

La volition est un état de conscience final qui résulte de la coordination plus ou moins complexe d'un groupe d'états, conscients, subconscients ou inconscients (purement physiologiques), qui tous réunis se traduisent par une action ou un arrêt. La coordination a pour facteur principal le caractère qui n'est que l'expression psychique d'un organisme individuel. C'est le caractère qui donne à la coordination son unité, — non l'unité abstraite d'un point mathématique, mais l'unité concrète d'un consensus. L'acte par lequel cette coordination se fait et s'affirme est le choix, fondé sur une affinité de nature.

La volition que les psychologues intérieurs ont si souvent observée, analysée, commentée, n'est donc pour nous qu'un simple état de conscience. Elle n'est qu'un effet de ce travail psychophysiologique, tant de fois décrit, dont une partie seulement entre dans la conscience sous la forme d'une délibération. *De plus, elle n'est la cause de rien.* Les actes et mouvements qui la suivent résultent directement des tendances, sentiments, images et idées qui ont abouti à se coordonner sous la forme d'un choix. C'est de ce groupe que vient toute l'efficacité. En d'autres termes, — et pour ne laisser aucune équivoque, — le travail psychophysiologique de la délibération aboutit d'une part à un état de conscience, la volition, d'autre part à un ensemble de mouvements ou d'arrêts. *Le « je veux » constate une situation, mais ne la constitue pas.* Je le comparerais au verdict d'un jury qui peut être le résultat d'une instruction criminelle très longue, de débats très passionnés, qui sera suivi de conséquences graves s'étendant sur un long avenir, mais *qui est un effet sans être une cause,* n'étant en droit qu'une simple constatation.

Si l'on s'obstine à faire de la volonté une faculté, une entité, tout devient obscurité, embarras, contradiction. On est pris au piège d'une question mal posée. Si l'on accepte au contraire les faits comme ils sont, on se débarrasse au moins des difficultés factices. On n'a pas à se demander, après Hume et tant d'autres, comment un « je veux » peut faire mouvoir mes membres. C'est un mystère qu'il n'y a pas lieu d'éclaircir, puisqu'il n'existe pas, puisque la volition n'est cause à aucun degré. C'est dans la tendance naturelle des sentiments et des images à se traduire en mouvements que le secret des actes produits doit être cherché. Nous n'avons ici qu'un cas extrêmement compliqué de la loi des réflexes, dans lequel entre la période dite d'excitation et la période motrice apparaît un fait psychique capital — la volition — montrant que la première période finit et que la seconde commence.

Qu'on remarque aussi comment cette maladie bizarre qu'on nomme l'aboulie s'explique maintenant sans difficulté, et avec elle les formes analogues étudiées plus haut [1], et même cette simple faiblesse de la volonté à peine morbide, si fréquente pourtant chez les gens qui disent vouloir et n'agissent pas. C'est que l'organisme individuel, source d'où tout sort, avait deux effets à produire et n'en produit qu'un : l'état de con-

---

1. Voir chapitre Ier.

science, le choix, l'affirmation ; mais les tendances motrices sont trop faibles pour se traduire en actes. Il y a coordination suffisante et impulsion insuffisante. Dans les actes irrésistibles au contraire, c'est l'impulsion qui s'exagère et la coordination qui s'affaiblit ou disparaît.

Nous devons ainsi à la pathologie deux résultats principaux : — l'un que le « je veux » est en lui-même dénué de toute efficacité pour faire agir ; — l'autre que la volonté chez l'homme raisonnable est une coordination extrêmement complexe et instable, fragile par sa supériorité même, parce qu'elle est « la force de l'ordre le plus élevé que la nature ait encore produite, la dernière efflorescence consommée de toutes ses œuvres merveilleuses[1] » .

1. Maudsley, *Physiologie de l'esprit*, trad. Herzen, p. 429.

FIN

TABLE DES MATIÈRES

Coulommiers. — Typ. P. BRODARD et GALLOIS.

BIBLIOTHÈQUE DE PHILOSOPHIE CONTEMPORAINE
Volumes in-18 brochés, à 2 fr. 50 c.

H. Taine.
L'idéalisme anglais.
Philos. de l'art dans les Pays-Bas. 2e édit.
Philos. de l'art en Grèce. 2e éd.

Paul Janet.
Le Matérialisme conte. 5e éd.
La Crise philosophique.
Philos. de la Rév. franç. 3e éd.
St-Simon et le St-Simonisme.
Spinoza : Dieu, l'homme.
Les origines du socialisme contemporain. 4e édit.

Odysse Barrot.
Philosophie de l'histoire.

Alaux.
Philosophie de M. Cousin.

Ad. Franck.
Philos. du droit pénal.
Rapports de la religion et de l'Etat. 2e édit.
Philosophie mystique au xviiie siècle.

E. Saisset.
L'âme et la vie.
Critique et histoire de la philosophie.

Charles Lévêque.
Le Spiritualisme dans l'art.
La Science de l'invisible.

Auguste Laugel.
Les Problèmes de la nature.
Les Problèmes de la vie.
Les Problèmes de l'âme.
La Voix, l'Oreille et la Musique.
L'Optique et les Arts.

Challemel-Lacour.
La Philos. individualiste.

Charles de Rémusat.
Philosophie religieuse.

Albert Lemoine.
Le Vital. et l'Anim. de Stahl.
De la Physion. et de la Parole.
L'Habitude et l'Instinct.

Milsand.
L'Esthétique anglaise.

A. Véra.
Essais de Philos. hégélienne.

Beaussire.
Antécéd. de l'hégélianisme.

Bost.
Le Protestantisme libéral.

Ed. Auber.
Philosophie de la Médecine.

Leblais.
Matérialisme et spiritualisme.

Ad. Garnier.
De la morale dans l'antiquité.

Schœbel.
Philos. de la raison pure.

Ath. Coquerel fils.
Transf. du christianisme.
La Conscience et la Foi.
Histoire du Credo.

Jules Levallois.
Déisme et Christianisme.

Camille Selden.
La Musique en Allemagne.

Fontanès.
Le Christianisme moderne.

Saigey.
La Physique moderne. 2e tir.

Mariano.
La Philos. contemp. en Italie.

E. Faivre.
De la variabilité des espèces.

J. Stuart Mill.
Auguste Comte. 2e éd.
L'utilitarisme.

Ernest Bersot.
Libre philosophie.

Albert Réville.
La divinité de Jésus-Christ. 2e éd.

W. de Fonvielle.
L'astronomie moderne.

C. Coignet.
La morale indépendante.

E. Boutmy.
Philosophie de l'architecture en Grèce.

E. Vacherot.
La Science et la Conscience.

Em. de Laveleye.
Des formes de gouvernement.

Herbert Spencer.
Classification des scienc. 4e éd.
L'individu contre l'Etat. 2e éd.

Max Muller.
La science de la religion

Ph. Gauckler.
Le Beau et son histoire

Bertauld.
L'ordre social et l'ordre moral.
Philosophie sociale.

Th. Ribot.
La Philos. de Schopenhauer. 3e éd.
Les Mal. de la mémoire. 5e éd.
Les Mal. de la volonté. 5e éd.
Les Mal. de la personnalité 2e éd.

Bentham et Grote.
La Religion naturelle.

Hartmann (E. de).
La Religion de l'avenir. 2e éd.
Le Darwinisme. 3e édition.

Lötze (H.).
Psychologie physiologique. 2e édition.

Schopenhauer.
Essai sur le libre arbitre. 4e éd.
Fond. de la morale. 2e éd.
Pensées et fragments. 5e éd.

L. Liard.
Logiciens angl. contem. 2e éd.
Définitions géométriques, nouvelle édition.

H. Marion.
Locke, sa vie et ses œuvres

O. Schmidt.
Les sciences naturelles et l'Inconscient.

Hæckel.
Les preuves du transformisme.
La psychologie cellulaire.

Pi y Margall.
Les nationalités.

Barthélemy St-Hilaire.
De la métaphysique.

Espinas.
Philos. expérim. en Italie.

Siciliani.
Psychogénie moderne.

Leopardi.
Opuscules et Pensées.

A. Lévy.
Morceaux choisis des philosophes allemands.

Roisel.
De la substance.

Zeller.
Christian Baur et l'Ecole de Tubingue.

Stricker.
Le langage et la musique.

Ad. Coste.
Conditions sociales du bonheur et de la force. 2e éd.

A. Binet.
La psychol. du raisonnement.

Gilbert Ballet.
Le langage intérieur. 2e éd.

Mosso.
La peur.

G. Tarde.
La criminalité comparée.

Paulhan.
Les phénomènes affectifs.

Ch. Féré.
Dégénérescence et criminal.
Sensation et mouvement.

Ch. Richet.
Essai de psychologie générale.

J. Delbœuf.
La matière brute et la matière vivante.

Vianna de Lima.
L'homme selon le transformisme.

Coulommiers. — Imp. P. Brodard et Gallois